Inhalt

Vorwort

„Da treibt ein alternder Planet durchs All, und vielleicht wird er sich demnächst in Qualm auflösen. Aber zwischen dem Nichts, das vorher war, und dem Nichts danach ist auf diesem Planeten etwas aufgeflackert, was im unendlichen Raum der kreisenden Kugeln von Gas und Stein vielleicht ein Novum war und vielleicht ein Unikum ist, was die Saurier nicht kannten und die Lurche nicht kennen: ein Lachen, eine Umarmung, ein Jubel, ein Ja."

Aus: Wolf Schneider, Glück – was ist das? Piper Verlag, München 1978

Menschen, die lachen, sich umarmen, jubeln, ja zum Leben sagen – empfinden sie Glück?
Ist Glück nicht noch mehr? Oder kann es auch weniger sein? Wenn wir essen, trinken, singen, tanzen, lachen, lieben, feiern, sind wir dann glücklich? Wenn wir mit anderen teilen, für andere sorgen, zugunsten anderer verzichten, für andere kämpfen oder für eine gute Sache streiten – werden wir dann Glück erleben?
Der Begriff ist kompliziert, ja paradox. Denn – wie können wir empfinden, was Glück ist, wenn wir noch niemals unglücklich waren? Schließt also Glück nicht auch immer Unglück mit ein? Ist Glück mehr als Bedürfnisbefriedigung und Wunscherfüllung? Und sind nicht Entbehrungen und Wünsche erst Voraussetzungen für das Glück?
Wo sollen wir Glück suchen – in der Freizeit oder im Beruf, in der Liebesbeziehung oder im Dienst am Nächsten? Wo können wir es finden?
Kann man Glücklichsein lernen?
Zu allen Zeiten und in allen Kulturen haben Menschen versucht, Antworten auf diese Fragen zu finden. Es gibt unzählige Konzepte des Glücks, vielfältige Entwürfe für ein glückliches Leben und sogar Rezepte und Ratschläge, wie man glücklich werden kann.
Woran sollen wir uns halten? Wo finden wir unseren Lebenssinn? Ist Glücklichsein allein der Sinn des Lebens?
Es ist schwer, eine Antwort auf diese Fragen zu finden, aber wir wollen es – wenigstens der Spur nach – versuchen.

Das nebenstehende Sinnbild zum Thema „Glück" stammt aus dem 1611 erschienenen „Tugendspiegel" des Gabriel Rollenhagen. Die Inschrift lautet: „Nach den Wolken die Sonne". Im Original war dem Bild außerdem die Erläuterung beigegeben: „Nach Regenschauern schöne Tage, nach Wolken die Sonne, nach den Tränen kommt endlich eine fröhlichere Zeit".

I. Die Sehnsucht des Menschen nach Glück

Vor uns die Hoffnung, hinter uns das Glück.

Annette von Droste-Hülshoff

Joseph von Eichendorff: **Aus dem Leben eines Taugenichts**

Das Rad an meines Vaters Mühle brauste und rauschte schon wieder recht lustig, der Schnee tröpfelte emsig vom Dache, die Sperlinge zwitscherten und tummelten sich dazwischen; ich saß auf der Türschwelle und wischte mir den Schlaf aus den Augen; mir war so recht wohl in dem warmen Sonnenscheine. Da trat der Vater aus dem Hause; er hatte schon seit Tagesanbruch in der Mühle rumort und die Schlafmütze schief auf dem Kopfe, der sagte zu mir: „Du Taugenichts! da sonnst du dich schon wieder und dehnst und reckst dir die Knochen müde und läßt mich alle Arbeit allein tun. Ich kann dich hier nicht länger füttern. Der Frühling ist vor der Tür, geh auch einmal hinaus in die Welt, und erwirb dir selber dein Brot." – „Nun", sagte ich, „wenn ich ein Taugenichts bin, so ist's gut, so will ich in die Welt gehn und mein Glück machen." Und eigentlich war mir das recht lieb, denn es war mir kurz vorher selber eingefallen, auf Reisen zu gehn, da ich die Goldammer, welche im Herbst und Winter immer betrübt an unserm Fenster sang: „Bauer, miet mich, Bauer, miet mich", nun in der schönen Frühlingszeit wieder ganz stolz und lustig vom Baume rufen hörte: „Bauer, behalt deinen Dienst!" – Ich ging also in das Haus hinein und holte meine Geige, die ich recht artig spielte, von der Wand, mein Vater gab mir noch einige Groschen Geld mit auf den Weg, und so schlenderte ich durch das lange Dorf hinaus. Ich hatte recht meine heimliche Freude, als ich da alle meine alten Bekannten und Kameraden rechts und links, wie gestern und vorgestern und immerdar, zur Arbeit hinausziehen, graben und pflügen sah, während ich so in die freie Welt hinausstrich. Ich rief den armen Leuten nach allen Seiten recht stolz und zufrieden Adjes zu, aber es kümmerte sich eben keiner sehr darum. Mir war es wie ein ewiger Sonntag im Gemüte. Und als ich endlich ins freie Feld hinauskam, da nahm ich meine liebe Geige vor und spielte und sang, auf der Landstraße fortgehend:

„Wem Gott will rechte Gunst erweisen,
Den schickt er in die weite Welt,
Dem will er seine Wunder weisen
In Berg und Wald und Strom und Feld.

Die Trägen, die zu Hause liegen,
Erquicket nicht das Morgenrot,
Sie wissen nur vom Kinderwiegen,
Von Sorgen, Last und Not um Brot.

Die Bächlein von den Bergen springen,
Die Lerchen schwirren hoch vor Lust,
Was sollt' ich nicht mit ihnen singen
Aus voller Kehl' und frischer Brust?

Den lieben Gott lass' ich nur walten;
Der Bächlein, Lerchen, Wald und Feld
Und Erd' und Himmel will erhalten,
Hat auch mein' Sach' aufs best' bestellt!"

Indem, wie ich mich so umsehe, kömmt ein köstlicher Reisewagen ganz nahe an mich heran, der mochte wohl schon einige Zeit hinter mir drein gefahren sein, ohne daß ich es merkte, weil mein Herz so voller Klang war, denn es ging ganz langsam, und zwei vornehme Damen steckten die Köpfe aus dem Wagen und hörten mir zu. Die eine war besonders schön und jünger als die andere, aber eigentlich gefielen sie mir alle beide. Als ich nun aufhörte zu singen, ließ die ältere stillhalten und redete mich holdselig an: „Ei, lustiger Gesell, Er weiß ja recht hübsche Lieder zu singen." Ich nicht zu faul dagegen: „Euer Gnaden aufzuwarten, wüßt' ich noch viel schönere." Darauf fragte sie mich wieder: „Wohin wandert Er denn schon so am frühen Morgen?" Da schämte ich mich, daß ich das selber nicht wußte, und sagte dreist: „Nach Wien"; nun sprachen beide miteinander in einer fremden Sprache, die ich nicht verstand. Die jüngere schüttelte einigemal mit dem Kopfe, die andere lachte aber in einem fort und rief mir endlich zu: „Spring Er nur hinten mit auf, wir fahren auch nach Wien." Wer war froher als ich! Ich machte eine Reverenz und war mit einem Sprunge hinter dem Wagen, der Kutscher knallte, und wir flogen über die glänzende Straße fort, daß mir der Wind am Hute pfiff.

Hinter mir gingen nun Dorf, Gärten und Kirchtürme unter, vor mir neue Dörfer, Schlösser und Berge auf; unter mir Saaten, Büsche und Wiesen bunt vorüberfliegend, über mir unzählige Lerchen in der klaren blauen Luft – ich schämte mich, laut zu schreien, aber innerlichst jauchzte ich und strampelte und tanzte auf dem Wagentritt herum, daß ich bald meine Geige verloren hätte, die ich unterm Arme hielt. Wie aber dann die Sonne immer höher stieg, rings am Horizont schwere weiße Mittagswolken aufstiegen und alles in der Luft und auf der weiten Fläche so leer und schwül und still wurde über den leise wogenden Kornfeldern, da fiel mir erst wieder mein Dorf ein und mein Vater und unsere Mühle, wie es da so heimlich kühl war an dem schattigen Weiher, und daß nun alles so weit, weit hinter mir lag. Mir war dabei so kurios zumute, als müßt' ich wieder umkehren; ich steckte meine Geige zwischen Rock und Weste, setzte mich voller Gedanken auf den Wagentritt hin und schlief ein. [...]

Aus: Eichendorff, Aus dem Leben eines Taugenichts. Klett Lesehefte, Stuttgart 1976, S. 3–5

▷ Der Taugenichts will in die Welt gehen und sein „Glück machen". Warum findet er sein Glück nicht zu Hause? Wovor flieht er?
▷ Wie stellt er sich dieses Glück vor?
▷ Warum suchen viele Menschen ihr Glück auf Reisen?
▷ Kannst du das verstehen?

Zum Titelbild der Zeitschrift „Glücks-Revue"

- ▷ Welches Glück wird auf der Titelseite der „Glücks-Revue" angesprochen?
- ▷ Welche dieser Slogans sprechen für dich wichtige Themen an?
- ▷ Wie wirken solche Glücksversprechungen auf dich?

Marion Miller: **Das Glück**

Sie faßt es nicht, kann es nicht begreifen: 60 000 Mark, sechzig große Scheine. Fünf Richtige und Zusatz: Sie hat richtig getippt. Fünfzehn Jahre lang jeden Freitag Zahlen angekreuzt. Geburtstage, Hochzeitstage, Sterbetage; fünfzehn Jahre lang geträumt, fünfzehn Jahre gehofft. Sie hält den Brief in gichtigen Händen – ihr Name, der Geldbetrag und „dürfen wir Sie zu Ihrem Gewinn herzlich beglückwünschen!"

Kein Zweifel, sie ist gemeint. Sie hält den Brief ganz fest, spürt Kälte ins Gesicht steigen, legt die Hände vor die Augen, weint. Gestern Rentnerin, gestern arm, gestern gespart, gestern sich nichts geleistet, gestern an vollen Schaufenstern vorbeigehuscht. Nie hatte sie Geld. Und nun dieser Augenblick.

Sie zieht das Sonntags-Dunkelblaue an, fährt in die Stadt, will das Glück auf die Probe stellen, Freude kaufen, Sehnsüchte bar bezahlen. Brechende Schaufenster, das Fest der Augen, die Flöte des Rattenfängers: kaufen, dazugehören, Geld ausgeben, glücklich sein.

Die Verkäuferin warnt, dies sei ein teures Kleid, Material, Verarbeitung. Lächeln, sie möchte anprobieren, sie hat Geld. Bitte, gnädige Frau. Das Wort dröhnt in ihren Ohren: gnädige Frau! zum ersten Mal in ihrem Leben.

Sie kauft das Kleid nicht, der Spiegel hat sie ausgelacht. Sie kauft auch keinen Pelz, der schwarze Wollmantel hält warm, tut es noch ein paar Jahre. Keinen Farbfernseher: Ihre Augen sind müde, chronische Bindehautentzündung, tränig von dem, was sie sahen durch siebzig Jahre. Kein Haus: Sie ist allein. Keine Reise in ferne Märchenländer: Sie glaubt nicht mehr an Märchen. Fünf Richtige und Zusatz: Was soll das Geld! Fünfzig Jahre früher hätte sie es gebraucht: ein Haus für die Familie, die Kur für den Mann, den teuren Arzt für das Kind, den warmen Pelz, das schicke Kleid. Nie hat das Geld gereicht. Nun braucht sie keins mehr.

Der Schalterbeamte holt den Direktor. Der redet auf sie ein, ob sie sich das auch genau überlegt hat. Geld legt man an, damit es wächst und sich vermehrt. Niemand verschenkt sein ganzes Geld, auch nicht an die Kirche.

Sie bleibt dabei, sie will das Geld nicht. Schreibt den Scheck, malt mit zittrigen Händen die Riesenzahl, ihren Namen: Zahlen Sie aus meinem Guthaben.

Aus: Frankfurter Allgemeine Zeitung vom 11. 3. 1972

▷ Was hättest du mit dem Geld gemacht?

▷ Fünfzehn Jahre lang hat die Frau vom Glück geträumt. Jetzt, wo sich der Traum erfüllt hat und sie sich viele Wünsche erfüllen könnte, verzichtet sie. Warum eigentlich?

▷ Inwiefern hat sich ihre Vorstellung vom Glück verändert?

Schüleräußerungen zum Thema „Glück“

Geld! An dieses Wort wird sofort gedacht, wenn man fragt: Was ist Glück? Sicher, Geld ist sehr wichtig. Für mich persönlich heißt Glück aber: eine Familie haben und einen guten Beruf und gesund zu sein. Geld gehört natürlich auch dazu, aber es kommt erst an dritter Stelle. *Michael, 15 Jahre*

Wie ich mir ein glückliches Leben vorstelle? Ich möchte eine Ausbildung nach meiner Wahl machen können. Wenn ich damit fertig bin, möchte ich gerne heiraten. Wenn wir beide genug Geld verdienen, kaufen wir uns ein großes Haus am Meer. Wir müßten so viel Geld haben, daß wir nicht unglücklich sind, aber uns trotzdem Luxus leisten können. Wenn wir beide wollen, können wir auch Kinder haben, und wenn die aus dem Haus sind, sollten wir viel reisen und sonst ein ruhiges Leben in unserem Haus führen. Dann hätte ich das Gefühl, ein ruhiges Leben hinter mir zu haben. *Susanne, 15 Jahre*

Glück ist, wenn ich zufrieden bin, wenn mich niemand dauernd korrigiert, wenn ich etwas Geld habe, aber nicht zu viel, wenn ich Arbeit habe und später einmal Kinder... usw.
Ich weiß nicht, ob ich dann mit mir zufrieden bin, ich möchte auch inneres Glück haben, wie Zufriedenheit und Gesundheit. So definiere ich mein persönliches Glück! *Dorothee, 16 Jahre*

Glück wäre für mich, wenn ich auf einer einsamen Insel wäre mit der nötigen Ausrüstung zum Leben. Streß, Alltag, Schule, Bomben, Krieg, alles vergessen. Mit ein paar Freunden die Jugend da zu verbringen, wo der Mensch noch nicht in die Natur eingegriffen hat, wäre für mich Glück. *Jan, 14 Jahre*

Meine Lebensvorstellung wäre so: Gesundheit, ein vernünftiges Gehalt, Spaß am Beruf usw. Aber wenn das Leben so wäre, wie man sich es wünscht, wäre es ja wohl nur langweilig. Ein problemloses Leben hat ja keinen Sinn. Man würde wenig Erfahrung von anderen Menschen sammeln. Glück ist für mich – genau wie jetzt leben. *Nicolas, 15 Jahre*

Aus: Umfrage bei den Schülern des Ethik-Kurses in Klasse 9 am Kepler-Gymnasium Tübingen

- ▷ In welchem Text findest du dich wieder?
- ▷ Kann man deiner Meinung nach das Lebensglück planen und absichern?
- ▷ Schreibe selbst einen Text zum Thema „Glück“. Beginne so: „Ein glückliches Leben stelle ich mir so vor...“

Kurt Tucholsky: **Das Ideal**

Ja das möchste:

Eine Villa im Grünen mit großer Terrasse,
Vorn die Ostsee, hinten die Friedrichstraße;
Mit schöner Aussicht, ländlich-mondän,
Vom Badezimmer ist die Zugspitze zu sehn –
Aber abends zum Kino hast du's nicht weit,
Das Ganze schlicht, voller Bescheidenheit:

Neun Zimmer – nein, doch lieber zehn!
Ein Dachgarten, wo die Eichen drauf stehn,
Radio, Zentralheizung, Vakuum,
Eine Dienerschaft, gut gezogen und stumm,
Eine süße Frau voller Rasse und Verve –
(Und eine fürs Wochenende zur Reserve) –,
Eine Bibliothek und drumherum
Einsamkeit und Hummelgesumm.

Im Stall: Zwei Ponys, vier Vollbluthengste,
Acht Autos, Motorrad – alles lenkste
Natürlich selber – das wär' ja gelacht!
Und zwischendurch gehst du auf Hochwildjagd.

Ja und das hab' ich ganz vergessen:
Prima Küche – erstes Essen –
Alte Weine aus schönem Pokal –
Und egalweg bleibst du dünn wie ein Aal.
Und Geld. Und an Schmuck eine richtige Portion.
Und noch 'ne Million und noch 'ne Million.
Und Reisen. Und fröhliche Lebensbuntheit.
Und famose Kinder. Und ewige Gesundheit.

Ja, das möchste!

Aber, wie das so ist hienieden:
Manchmal scheint's so, als sei es beschieden
Nur pöapö, das irdische Glück.
Immer fehlt dir irgendein Stück.
Hast du Geld, dann hast du nicht Käten:
Hast du die Frau, dann fehlen die Moneten –
Hast du die Geisha, dann stört dich der Fächer:
Bald fehlt uns der Wein, bald fehlt uns der Becher.
Etwas ist immer.

Tröste dich

Jedes Glück hat einen kleinen Stich.
Wir möchten soviel: Haben. Sein. Und gelten.
Daß einer alles hat:

das ist selten.

Aus: Kurt Tucholsky, Gesammelte Werke. Rowohlt Verlag, Reinbek 1975, Band 5, S. 269/270

– *»Mami! Mir ist langweilig ...«*

Aus: Sempé: St-Tropez. Diogenes Verlag, Zürich 1970. © Diogenes

- ▷ Wäre das Glück sichergestellt, wenn alle Wünsche erfüllt würden?
- ▷ „Jedes Glück hat einen kleinen Stich", sagt der Dichter. Ist das auch deine Meinung?

Zu Sempés Karikatur „Mami! Mir ist langweilig . . ."

- ▷ Eine Villa, ein Motorboot, ein eigener Strand – und doch nicht glücklich. Warum ruft der Junge nach der Mama?
- ▷ Ein hoher Lebensstandard bedeutet nicht auch größeres Glück – aus welchem Grund?
- ▷ Welche Grundbedürfnisse sind nötig, damit der Mensch überhaupt glücklich sein kann? (Vgl. den Text von Stephan Lermer: Was zum Glücklichsein gehört" auf S. 31)

Paul Watzlawick: **[Die Suche nach dem Glück]**

Es war einmal ein Mann, der lebte glücklich und zufrieden, bis er sich eines Tages, vielleicht aus zweckloser Neugierde, vielleicht aus purem Leichtsinn, die Frage stellte, ob das Leben seine eigenen Regeln hat. Was er damit meinte, war nicht die offensichtliche Tatsache, daß es auf der ganzen Welt Gesetzbücher gibt, daß Rülpsen nach einer Mahlzeit in manchen Gegenden für ungezogen, in anderen als Kompliment an die Hausfrau gilt oder daß man keine obszönen Graffiti an Wände kritzeln soll, wenn man nicht rechtschreiben kann. Nein, nicht darum ging's ihm; diese von Menschen für Menschen gemachten Regeln interessierten ihn nicht. Was er plötzlich wissen wollte, war die Antwort auf die Frage, ob das Leben, unabhängig von uns Menschen, seine ganz eigene Regelhaftigkeit hat.

Wäre er bloß nie auf diese unselige Frage gestoßen – denn mit ihr war es um sein Glück und seine Zufriedenheit geschehen. Es ging ihm ganz ähnlich wie dem bekannten Tausendfüßler, den die Küchenschabe unschuldig fragte, wie er es fertigbringe, seine vielen Beine mit solcher Eleganz und fließenden Harmonie zu bewegen. Der Tausenfüßler dachte nach – und konnte von diesem Augenblick an nicht mehr gehen.

Weniger banal ausgedrückt, ging es unserem Mann wie dem hl. Petrus, der aus dem Boot sprang und auf den auf dem Wasser wandelnden Christus zueilte – bis ihm plötzlich die Unmöglichkeit dieses wundersamen Erlebnisses auffiel, worauf er prompt ins Wasser einsank und fast ertrank. (Fischer und Matrosen sind bekanntlich oft Nichtschwimmer.)

Unser Mann war ein sauberer Denker – das war Teil seines Problems. Deshalb sagte er sich, daß die Frage nach der Ordnung der Welt gleichzeitig die Frage nach ihrer (und seiner) Sicherheit war, und daß die Antwort entweder *ja* oder *nein* zu sein hatte. War sie *nein* – doch hier stockte er bereits. Eine regellose Welt, ein Leben ohne Ordnung? Wie hatte er bisher gelebt, wonach seine Entscheidungen getroffen? Dann war ja die ruhige Sicherheit seines bisherigen Lebens und seiner Handlungen absurd und wirklichkeitsfremd gewesen. Nun also hatte er sozusagen vom Baume der Erkenntnis gegessen, aber nur seine Unkenntnis erkannt. [...]

Er ging also daran, nach Beweisen für *Ja* zu suchen. Und um ganz sicher zu sein, wollte er dieses Ja aus berufenstem Munde erhalten, nämlich von einem Vertreter der Königin der Wissenschaften.

Also ging er zum Mathematiker. Wäre er bloß nicht hingegangen! Das lange Gespräch kann hier nicht wiedergegeben werden; allein schon deswegen, weil der Mathematiker, wie die meisten Vertreter jener kristallklaren Wissenschaft, in einfachsten, selbstverständlichsten Begriffen zu reden glaubte, ohne zu verstehen, daß der Mann ihn nicht verstand. Mehrmals unterbrach der Mann den Gelehrten höflich: Es sei ihm nicht so sehr daran gelegen, daß es nachweisbar unendlich viele Primzahlen gäbe, als vielmehr daran, ob die Mathematik klare, eindeutige Regeln für richtige Entscheidungen in Lebensfragen bietet oder verläßliche Gesetze zur Voraussage zukünftiger Ereignisse. Und nun glaubte der Fachmann endlich verstanden zu haben, worauf der andere hinauswollte. Aber selbstverständlich, auf diese Fragen gäbe ein Teilgebiet der Mathematik klare Antworten; nämlich die Wahrscheinlichkeitslehre und die sich auf ihr gründende Statistik. So könne man zum Beispiel aufgrund jahrzehntelanger Untersuchungen mit an

Sicherheit grenzender Wahrscheinlichkeit annehmen, daß die Benützung von Verkehrsflugzeugen für 99,92 Prozent der Passagiere vollkommen sicher sei, 0,08 Prozent aber bei Abstürzen ums Leben kämen. Als unser Mann nun bloß noch wissen wollte, welchem Prozentsatz er persönlich angehöre, riß dem Mathematiker die Geduld, und er warf ihn hinaus.

Es hat wenig Zweck, den langen, kostspieligen Leidensweg zu beschreiben, den er nun antrat und dessen Stationen ihn zu Philosophie, Logik, Soziologie, Theologie, einigen Kulten und anderen zweitrangigen Welterklärungen führten. Das Resultat war im wesentlichen dasselbe wie im Gespräch mit dem Mathematiker: Jedesmal schien es, als habe der betreffende Wissenszweig die wirkliche Lösung; jedesmal aber kam plötzlich ein Pferdefuß zum Vorschein oder eine Komplikation, die die fast erreichte Gewißheit wieder in weite Ferne rückte – zum Beispiel ans Ende der Zeit, an die Erreichung eines bestimmten außergewöhnlichen Geisteszustands oder an Voraussetzungen, die leider nur dann Gültigkeit hatten, wenn sie auch tatsächlich eintraten.

Die einzige handfeste Auswirkung dieser Suche nach Gewißheit war eine, die dem Mann selbst weniger auffiel als seinen Mitmenschen. Hatte er sich früher – wie gesagt – mit Urvertrauen und kindhafter Unschuld dem Leben hingegeben, wurde er nun sicherheitsbesessen. Manchmal fragte er sich allerdings selbst, wie es denn möglich war, daß er so lange sicher und zufrieden gewesen war, als er niemals über Sicherheit und Gewißheit nachgedacht hatte; daß er sich jetzt aber immer unsicherer fühlte, da er zusätzlich zu seinen Untersuchungen konkrete Maßnahmen ergriff, um die immer häufiger feststellbaren Gefahren zu bannen. Gerade diese Maßnahmen waren es, die den anderen auffielen. [...]

Und nicht nur das – er mußte feststellen, daß sich die Mitmenschen ihm gegenüber immer problematischer zu benehmen begannen, je mehr er so zur allgemeinen Sicherheit der Welt beitrug. Man ging ihm aus dem Wege; Mütter hielten ihre Kinder von ihm fern; man lachte und tuschelte hinter seinem Rücken. Das störte ihn, erhöhte seine Unsicherheit und legte ihm nahe, sich seinerseits vor diesen Leuten in acht zu nehmen. Je mehr er sich hütete, desto mehr Grund fand er, sich zu hüten.

Aber auch wo andere Leute nicht unmittelbar ins Spiel kamen, wurde sein Leben zunehmend gefährlicher. So begann er zum Beispiel, dem Horoskop in der Tageszeitung Aufmerksamkeit zu schenken. Was die guten, erfreulichen Voraussagen betraf, so traten sie entweder ein oder nicht. Ihr Nichteintreten war enttäuschend, stellte aber keine besondere Gefahr dar. Die warnenden Voraussagen aber erwiesen sich irgendwie als ungleich verläßlicher. So las er eines Morgens beim Frühstück, daß heute besondere Vorsicht geboten sei, da den unter seinem Sternzeichen Geborenen (etwa 350 Millionen an der Zahl) ein Unfall drohte. Zuerst erschrak er so, daß er den Kaffee verschüttete. Da dies seiner Ansicht nach aber ein nicht genügend ernster Unfall war, um die Welt wieder ins Lot zu bringen, beschloß er, heute nicht den Autobus zu benützen, sondern zu Fuß zur Arbeit zu gehen. Gehen ist zwar sicherer als Fahren, aber bekanntlich ist wenigstens jeder 13. Schritt gefahrvoll, von der 13. Stufe einer Treppe ganz zu schweigen. Als er in der Fußgängerunterführung zu jener Stufe hinunterkam und sie überspringen wollte, stolperte er und schürfte sich das Knie auf. Das Horoskop hatte also recht. [...]

Die Jahre vergingen, nicht aber sein Problem. Das wurde nur subtiler und beherr-

schender, in gewissem Sinne aber auch respektabler. Längst nämlich handelte es sich nicht mehr um bloße, banale Sicherheit, sondern um eine viel umfassendere Einstellung zur Welt und zum Leben; ein Sehnen, für das er nur so undeutliche Namen hatte, wie etwa Glücklichkeit, Harmonie, Stimmen, Lösung; oder das er in merkwürdigen Augenblicken unbegreiflicher Gerührtheit durch Musik oder auch durch scheinbar ganz triviale Ereignisse erlebte. [...]
Für unseren Mann wirkte sich die Suche nach Sinn und Namen so aus, daß er wie Faust durch die Welt rannte, ein jedes Glück bei den Haaren faßte, in sich hineinhorchte und fragte: „Ist es *das*?" und diese Frage immer wieder mit „Das ist es nicht" beantworten mußte. [...]
Immer wieder stand er mit leeren Händen da, aber immer wieder zog er daraus den einzig möglich erscheinenden Schluß, daß das jeweilige *Das* eben nicht *es* war, daß er *es* eben noch nicht richtig benannt und an der richtigen Stelle gesucht hatte. Manchmal gab er der Verheißung den Namen von bestimmten Zielen, deren Erreichen oft Jahre in Anspruch nahm, die ihn zu ungewöhnlichen Leistungen befähigten, ihm die Bewunderung seiner Umwelt eintrugen und die dann, im Augenblick des Ankommens, doch nicht hielten, was sie versprochen hatten. [...]
Und wie es nun einmal im Wesen eines solchen Bildes, einer Fata Morgana, liegt, verschwindet es beim Näherkommen und ist sofort wieder erstrebenswert, sobald man sich von ihm abwendet oder es verliert. So heftete er seine Sehnsucht oft an ferne Städte und Landschaften, von denen er fest annahm (*wie* er zu diesen Annahmen kam, wußte er sich nicht zu erklären), daß ihr Erreichen ihm ein völlig neues Ichgefühl bescheren würde, und die ihm diese Erfüllung vorenthielten, sobald er dort ankam. Enttäuscht durchstreifte er sie; er, derselbe, der er immer schon gewesen war, um nichts reicher, um nichts verändert. Und dann, kurz nach der entmutigten Abreise, war die Sehnsucht nach jenem Ort wieder da, leuchtend und verheißend – als hätte er nicht eben erlebt, daß „es" das nicht war. Und er fuhr wieder hin, in dieselbe Ernüchterung. [...]
Dabei war sein Problem, *von außen* gesehen, recht banal. Nur das jeweils benannte Ziel stellte er nämlich in Frage, nicht aber *die Suche selbst*. Damit aber wurde die Suche endlos, denn der möglichen Fundorte gibt es unendlich viele. [...]
Es ist sehr schwer, klar und vor allem überzeugend darzulegen, wie er dieser Gefangenschaft doch entkam. Zweifellos trug dazu der Umstand bei, daß das Schicksal ihm fast nie das Ankommen am vermeintlichen Endziel versagte. Denn, wie wir schon sahen, ist nichts ernüchternder als eine erfüllte Hoffnung, und nichts trügerischer als eine versagte.
Er hatte also den Punkt erreicht, daß er sich seines Suchens voll bewußt war, und damit auch seiner ewigen Frage an alle Inhalte und Aspekte der Welt: Ist es *das?* Und nun ergab sich eines Tages ein ganz kleiner Wandel; eben einer von jenen, die so klein sind, daß sie Großes herbeiführen. So unwahrscheinlich es klingen mag, es war die winzige Verschiebung der Betonung von *das* auf *es,* wodurch die Frage plötzlich „Ist *es* das?" lautete. Und sofort kam ihm die Antwort: Kein *„Das", kein Ding da draußen in der Welt, kann je mehr als ein Name* des *Es* sein – und Namen sind Schall und Rauch. In diesem Augenblick fiel die Trennung zwischen ihm und *es* weg; zwischen Subjekt und Objekt, wie die Philosophen sagen würden. Kein *Das* konnte je dieses *Es* sein. *Was die Welt nicht enthält, kann sie auch nicht vorenthalten,* sagte er zu seinem eigenen Erstaunen immer wieder vor sich

hin; und dazu noch die für ihn merkwürdig bedeutungsvollen Worte: *Ich bin icher als ich.* Auf einmal war es ihm klar, daß die *Suche* der einzige Grund des bisherigen Nichtfindens gewesen war; daß man da draußen in der Welt nicht finden und daher nie *haben* kann, was man immer schon *ist.* [...]

Aus: Paul Watzlawick, Vom Schlechten des Guten. Piper Verlag, München 1986, S. 13–21 und 118–122

▷ Was hat die Suche nach dem Glück für den Mann in der Geschichte gebracht?
▷ Er hat glücklich und zufrieden gelebt, bevor er anfing zu suchen und auch wieder, als er damit aufhörte. Warum eigentlich?

Zusammenfassende Fragen zu Teil I: „Die Sehnsucht des Menschen nach Glück"

▷ Dem Nomen *„Glück"* entsprechen zwei Verben – „glücklich sein" und „Glück haben". Auf welche der beiden Bedeutungen treffen folgende Sprichwörter zu?
Glück und Glas, wie leicht bricht das!
Er ist ein Glückspilz
Das Glück war mir hold/gewogen
Glück im Unglück haben
Viel Glück und viel Segen
Wunschlos glücklich
Jeder ist seines Glückes Schmied
Dem Tapferen hilft das Glück
▷ Ein altes Sprichwort sagt:
Glück und Regenbogen findet man nur über fremdem Haus.
– Was will dieses Sprichwort sagen?
– Ist es dir selbst schon so ergangen?
– Auf welchen Text im ersten Kapitel trifft der Spruch zu?

Hans im Glück — Zeichnung: Janosch

▷ Versuche die Situtationen zu beschreiben, in denen diese Menschen offensichtlich (?) Glück empfinden.

▷ Was würdest du dieser Fotomontage hinzufügen wollen? Welche Situationen sind für dich mit besonderen Glücksgefühlen verbunden?

▷ Versuche selbst eine Bildmontage herzustellen, die deine Glücksvorstellungen und -erwartungen zum Ausdruck bringt.

II. Glück - was ist das?

Glücklicher Vorgang
Das Kind kommt gelaufen.
Mutter, binde mir die Schürze!
Die Schürze wird gebunden.

Bertolt Brecht

Aus: Bertolt Brecht, Gedichte, Band VII, S. 92. Suhrkamp Verlag, Frankfurt am Main 1964

Claudia Storz: **Mein Traumhaus**

Manchmal denke ich mir ein Haus, in dem ich leben möchte: nicht allein, sondern mit einer Gruppe junger Leute. Das Haus läge am See, und es hätte fünf Zimmer. Es wäre ein altes Haus, aber die Zimmer wären sonnig, man müßte vielleicht die Geranien wegnehmen. Das „weiße Zimmer“ wäre das Diskussionszimmer. An den Wänden Plakate und Zeitungsausschnitte zu aktuellen Themen. Matratzen und Kissen am Boden. Dann das „rote Zimmer“. In der Ecke ein hohes, altes Kirschbaumbett, die Matratze mit rotem Stoff überzogen. Lange, rote Kerzen in alten Einmachgläsern, rote Fensterrahmen, ein großer Spiegel. Das „blaue Zimmer“ mit taubenblau gestrichenen Wänden und weißen Fensterrahmen wäre der kreativen Muße gewidmet. Eine Hängematte aus Hanf für den Denker und Träumespinner. Für den Dichter der alte Sekretär mit den Schublädchen für Zettel und Bleistifte. Für den Maler und Hersteller eine ganze Wand, überzogen mit Gestellen, das drittunterste Brett so breit, daß man es als meterlangen Tisch gebrauchen könnte. In diesem Zimmer würden die Ausstellungen stattfinden. Ausstellungen von Bildern, schönen Steinen, Skizzen, Gefäßen, Postkarten, Gläsern, Spielsachen, Herbstblättern. Das „Sonnenzimmer“ würde auf den See hinausgehen, die Wände maisgelb und braun gestrichen. Erd- und Feuertöne. Ein großer Tisch mit Eckbank zum Essen, ein Ofen, eine tiefhängende Lampe. Ein altes Sofa mit niedrigem Tisch für die Teezeremonie. Wenige Bilder. Das fünfte Zimmer wäre das „Zimmer der Geheimnisse“. Die Wände dunkles Holztäfer, an der Gipsdecke eine südliche Landschaft in Terrakottafarben, ein unregelmäßiger Grundriß, Nischen. Auf den Betten würden hier am Tag und in der Nacht Geheimnisse ausgetauscht. Die Luft wäre hier so kühl, daß man die Wärme der Umarmung suchte. Ein großes, ein freundliches Haus, keiner würde den andern verdrängen.

Aus: Claudia Storz, Jessica mit Konstruktionsfehlern. Benziger Verlag Zürich/Köln 1977

Dagmar Chidolue: **Vielleicht Glück...**

Golddurchwirkt war die Luft, der Morgen. Warmer Strom floß in Juls Lungen, machte sie gierig nach Sonnenflimmer, zerplatzen wollte sie vor lauter rundum Zufriedenheit. Und singen mußte sie, hüpfte am gelbgrünen Grasrand entlang und dann mit beiden Beinen abwechselnd hinauf, hinab. „Oh, du meine Lieblichkeit", sang sie, kam in Schwung, „du liebste Lieblichkeit", stapfte mit Wonne auf Ottilies gutem Rasen herum, auf dem verbotenen Rasen, „du meine Liebe, du mein liebes Leben", sprang über das Rosenbeet, auf dem satte Blüten die letzten Tage genossen, noch stolz, noch kraftvoll.

„O Herrlichkeit, das Leben, das Leben", jubelte Jul, warf sich auf den kurzen, welken Rasen, schnüffelte, starker Geruch nach Gras, Erde, Sonne. Jul zog die Luft gierig ein, starrte in den Himmel. Blau, blau und ohne Grenzen, unvorstellbar schien es ihr, nur Luft und Licht. Keine Wolke, kein Vogel trübte die Unendlichkeit. Vor Juls Augen tanzten Luftpartikel, oder war es Sommerstaub, tanzten auf und nieder, waren nah und wieder fern, legten sich auf ihre Augen, sanfter Wind strich über ihr Gesicht. Sie verschränkte die Arme unter ihrem Kopf, summte eine Zaubermelodie. Der Sommer hörte und hörte nicht auf.

Vor Jahren hatte sie so auf den leichten Wellen eines grasbewachsenen Hügels gelegen. Sie waren damals mit den Rädern hinausgefahren, ein Wettfahren war das gewesen. Der Vater hatte sie auf seinem Rad gehabt, gesaust, gesaust waren sie.

Der Hügel war distelig, sie suchten einen Platz zum Sitzen, zum Liegen, zum Träumen. Zwischen silbrigen Stachelpflanzen und violettroten Ruinenblumen gab es kleine Inseln, auf die man sich retten konnte, ins hohe Gras kuscheln, unbetretbar für die Welt. Jeder hatte seine Insel, aß Butterbrote, die hartgekochten Eier, kalten Kaffee gab es aus alter Limonadenflasche, jeder träumte seinen eigenen Traum. Keiner sprach, man schaute und schaute hinunter auf die Felder, die Stadt oder hinaus in den wechselvollen Himmel, der riesige Bären sich baute oder Schlösser aus wattegleichen Wolkenhaufen, die sich auflösten, neu formten, Riesenvögel wurden, Drachenköpfe. Da hatte man mitreisen wollen, schweben aus der Stadt hinaus, in das Blau hinein, in die Weite, weg, weg, was vielleicht Freude, vielleicht Glück war.

Ameisen hatten sie vom Hügel vertrieben. Aber schön war es doch gewesen.

Aus: Dagmar Chidolue, Juls Haus. Kindersommer-Kindertage. Fischer Taschenbuchverlag, Frankfurt a. M. 1982

▷ Welche Vorstellungen von Glück liegen den Texten von Dagmar Chidolue und Claudia Storz zugrunde?

▷ Ist es möglich, das Glück eines anderen Menschen zu beurteilen?

▷ Was ist besser zu beurteilen – das eigene Glück oder das eines anderen Menschen? Und warum ist das so?

Abbildung aus einem Reiseprospekt

Georg Büchner: **[Ein paradiesisches Regierungsprogramm]**

Leonce: [. . .] wir lassen alle Uhren zerschlagen, alle Kalender verbieten und zählen Stunden und Monden nur nach der Blumenuhr, nur nach Blüte und Frucht. Und dann umstellen wir das Ländchen mit Brennspiegeln, daß es keinen Winter mehr gibt und wir uns im Sommer bis Ischia und Capri hinaufdestillieren und das ganze Jahr zwischen Rosen und Veilchen, zwischen Orangen und Lorbeer stekken.

Valerio: Und ich werde Staatsminister, und es wird ein Dekret erlassen, daß, wer sich Schwielen in die Hände schafft, unter Kuratel gestellt wird; daß, wer sich krank arbeitet, kriminalistisch strafbar ist; daß jeder, der sich rühmt, sein Brot im Schweiße seines Angesichts zu essen, für verrückt und der menschlichen Gesellschaft gefährlich erklärt wird; und dann legen wir uns in den Schatten und bitten Gott um Makkaroni, Melonen und Feigen, um musikalische Kehlen, klassische Leiber und eine commode Religion!

Aus: Georg Büchner, Leonce und Lena. Ein Lustspiel. Editionen für den Literaturunterricht. Ernst Klett Verlag, Stuttgart 1982, S. 36/37

Paradies (altpersisch: Garten) bedeutet in vielen Religionen ein Ort und Zustand absoluter Glückseligkeit.
Gelegentlich wird das Paradies als ein Schlaraffenland beschrieben, mit Überfluß an allem, woran es auf der Erde Mangel hat.

▷ Das ganze Jahr faulenzen – gelegentlich träumen wir davon. Und doch wissen wir, daß uns dieser Zustand kein Glück brächte. Warum eigentlich nicht?

▷ Schlaraffenland heute – was würde das für dich bedeuten?

Guy de Maupassant: **Das Glück**

Fünf Jahre ist es her, daß ich meine Reise durch Korsika machte. Diese wilde Insel ist uns unbekannter und ferner als Amerika ... Stellen Sie sich eine Welt vor, die noch ganz chaotisch zerklüftet ist, ein wild aufgetürmtes Durcheinander von Gebirgen ... Kein Ackerbau, kein Handwerk, kein Gewerbe, nicht das mindeste Zeichen menschlicher Kunstbetätigung ... Einen Monat lang war ich kreuz und quer durch diese urwüchsige Insel gewandert und hatte dabei stets das Gefühl, im äußersten Winkel der Welt zu sein. Keine Spur von Herbergen oder Gasthäusern oder auch nur richtigen Straßen! Über Maultierpfade gelangt man zu diesen Bergnestern, die an den Felshängen kleben, hoch über gähnenden Abgründen, aus denen, wenn der Tag sinkt, immerfort das Gurgeln und Rauschen des Sturzbaches aus der Tiefe heraufbraust. Man pocht an die erstbeste Haustür, bittet um ein Unterkommen und um irgend etwas zu essen bis zum anderen Tag ...
Eines Abends gelangte ich nach zehnstündigem Fußmarsch zu einem kleinen, ganz einsamen Hause mitten in einem engen Tal, das sich noch etwa eine Meile weiter bis zum Meere hinunterzog. Die beiden jäh abfallenden, mit dem Gestrüpp der Macchia, Felstrümmern und hohen Bäumen bedeckten Berghänge schlossen wie zwei düstere Riesenmauern diese trostlose dunkle Schlucht ein. Um die Hütte herum etliche Rebstöcke, ein kleiner Garten und mehrere große Kastanienbäume, kurz, ein kleines Anwesen, das zur Not seine Leute ernährte – in diesem armseligen Lande ein reicher Besitz!
Die Frau, die mir auftat, sah alt, würdig, schlicht und ungewöhnlich sauber aus. Ihr Mann, der drinnen auf einem Strohstuhl saß, erhob sich bei meinem Eintritt zum Gruß und setzte sich dann wortlos wieder. Seine Lebensgefährtin erklärte mir: „Nehmen Sie's ihm nicht übel, er ist schon ganz und gar taub. Zweiundachtzig ist er nun geworden." Sie sprach unser heimisches Französisch. Überrascht fragte ich: „Sie sind nicht aus Korsika?" Sie erwiderte: „Nein, wir sind von drüben. Aber nun sind's schon fünfzig Jahre, daß wir hier leben!"
Ein Gefühl der Beklemmung legte sich über mich, während ich mir diese fünfzig langen Jahre Dasein in diesem düsteren Talwinkel vorstellte, so weltenfern vom Leben und Treiben der Menschen in unseren Städten. Inzwischen war noch ein alter Hirt gekommen, und nun setzten wir uns zu viert an das einzige Gericht, das es gab: eine dicke Suppe, in der Kartoffeln, Speck und Kraut zusammengekocht waren.
Als das kurze Mahl beendet war, trat ich hinaus und setzte mich vor die Tür. Und beim Anblick der melancholisch düsteren Landschaft überkam mich wieder dies Gefühl der Beklemmung, eine trübsinnige Stimmung, wie sie uns Weltenbummler manchmal an tristen Abenden in trostlos einsamen Gegenden befällt – als ob man am Ende aller Tage wäre, am Ende des eigenen Daseins, der ganzen Welt ...
Inzwischen hatte sich die alte Frau zu mir vor die Türe gesetzt; und sichtlich getrieben von jener menschlichen Neugier, die sich auch in denen zutiefst noch regt, die sich fern von der Welt mit allem abgefunden haben, fragte sie: „Da kommen Sie also aus unserem Frankreich?"
„Ja, ich bin auf meiner Reise gerade mal hier gelandet – nur so zum Vergnügen."
„Wohl gar aus Paris?"
„Nein, aus Nancy."
Da hatte ich den Eindruck, als überwältige sie eine ungewöhnliche innere Erre-

gung. Wie ich ihr das ansah oder vielmehr deutlich spürte - ich weiß es nicht. Langsam nahm sie meine Worte auf: „Aus Nancy sind Sie.“ Ihr Mann erschien in der Tür; unbeteiligt, mit der Miene des Tauben sah er drein. Sie redete weiter: „Lassen Sie sich nicht stören im Erzählen. Er hört ja doch nichts.“ Dann nach einigen Augenblicken: „Nun und - da haben Sie wohl viele Bekannte in Nancy?“
„Natürlich, ich kenne so ziemlich alle Welt da.“
„Die Familie de Sainte-Allaize auch?“
„O ja, sehr gut sogar. Mein Vater war mit ihnen befreundet.“
„Wie heißen Sie denn?“ Ich nannte meinen Namen. Sie sah mich eine Weile an, dann sagte sie gedämpft, mit einer Stimme, in der es wie Erinnern aufklang: „Jaja, ich entsinne mich. Und die Brisemares, was ist aus denen geworden?“
„Da ist keiner mehr am Leben.“
„Und die Sirmonts? Kennen Sie die auch noch?“
„Freilich. Der Letzte dieses Geschlechts ist General.“
Da kam es aus ihr, und ihre Stimme zitterte dabei vor Erregung, wie aus einem übermächtigen, heiligernsten Gefühl heraus, einem dunklen Drang, alles zu sagen, offen zu sprechen von dem, was sie bislang im tiefsten Innern verschlossen hatte, von den Menschen, deren Namen in ihrer Seele umgingen und die Erinnerung aufrührten: „Ja - Henri de Sirmont, ich weiß, ich weiß. Das ist - mein Bruder.“ Ich blickte sie an, ganz verblüfft, so überrascht war ich. Und mit einemmal kam mir selber die Erinnerung an ihre ganze Geschichte.
Vor langen Jahren hatte es in der lothringischen Adelswelt einen großen Skandal gegeben. Ein schönes, reiches junges Mädchen, Suzanne de Sirmont, hatte sich von einem Unterwachtmeister des Husarenregiments, das ihr Vater befehligte, entführen lassen. Ein stattlicher Bursche, ein Bauernsohn, dem der blaue Husarendolman gut stand, war der Mann, der sich die Tochter seines Obersten erobert hatte. Beim Vorbeidefilieren der Schwadronen mußte die junge Dame ihn zu Gesicht bekommen haben, mußte er ihr aufgefallen sein - Liebe auf den ersten Blick, ganz zweifellos. Aber - wie hatten sich die beiden sprechen, wie sich unter vier Augen sehen und einig werden können? Wie hatte sie es zuwege gebracht, ihm zu zeigen, daß sie ihn liebte? Das erfuhren wir nie ... Als des jungen Mannes Dienstzeit zu Ende war, verschwand er aus der Garnison - mit der jungen Dame. Man stellte Nachforschungen an; die beiden blieben unauffindbar. Nie ließen sie etwas von sich hören, und so wurde die Verschollene schließlich für tot erklärt.
Und nun fand ich sie wieder - in dieser weltentlegenen, düsteren Tal-Einöde! Da war es an mir zu sagen: „Ah ja, wenn ich mich recht erinnere - Mademoiselle Suzanne!“
Sie nickte, Tränen perlten ihr aus den Augen. Mit einem raschen Blick deutete sie dann zu dem alten Manne hin, der reglos am Türrahmen seiner Behausung lehnte, und sagte: „Das ist er.“
Da verstand ich, daß sie ihn noch immer liebte, ihn noch immer mit den bezauberten Augen der Liebe ansah. Ich wagte die Frage: „Aber Sie sind doch wohl glücklich geworden?“
Und in einem Ton, der ihr aus dem Herzen drang, antwortete sie: „Ja, o ja; sehr glücklich. Er hat mich sehr glücklich gemacht. Es hat mich nie gereut ...“

Aus: Guy de Maupassant, Novellen in 2 Bäden, Aufbau Verlag, Berlin (Ost)

▷ Hältst du die Geschichte für wahrscheinlich? Begründe deine Meinung.

Gottfried Keller: **Romeo und Julia auf dem Dorfe**

„Wie alt bist du jetzt?" fragte Sali voll Vergnügen und Zufriedenheit, „du mußt ungefähr siebzehn sein?" „Siebzehn und ein halbes Jahr bin ich alt!" erwiderte Vrenchen, „und wie alt bist du? Ich weiß aber schon, du bist bald zwanzig!" „Woher weißt du das?" fragte Sali. „Gelt, wenn ich es sagen wollte!" „Du willst es nicht sagen?" „Nein!" „Gewiß nicht?" „Nein, nein!" „Du sollst es sagen!" „Willst du mich etwa zwingen?" „Das wollen wir sehen!" Diese einfältigen Reden führte Sali, um seine Hände zu beschäftigen und mit ungeschickten Liebkosungen, welche wie eine Strafe aussehen sollten, das schöne Mädchen zu bedrängen. Sie führte auch, sich wehrend, mit vieler Langmut den albernen Wortwechsel fort, der trotz seiner Leerheit beide witzig und süß genug dünkte, bis Sali erbost und kühn genug war, Vrenchens Hände zu bezwingen und es in die Mohnblumen zu drükken. Da lag es nun und zwinkerte in der Sonne mit den Augen; seine Wangen glühten wie Purpur und sein Mund war halb geöffnet und ließ zwei Reihen weiße Zähne durchschimmern. Fein und schön flossen die dunklen Augenbrauen ineinander, und die junge Brust hob und senkte sich mutwillig unter sämtlichen vier Händen, welche sich kunterbunt darauf streichelten und bekriegten. Sali wußte sich nicht zu lassen vor Freuden, das schlanke schöne Geschöpf vor sich zu sehen, es sein eigen zu wissen, und es dünkte ihm ein Königreich. „All deine weißen Zähne hast du noch!" lachte er, „weißt du noch, wie oft wir sie einst gezählt haben? Kannst du jetzt zählen?" „Das sind ja nicht die gleichen, du Kind!" sagte Vrenchen, „jene sind längst ausgefallen!" Sali wollte nun in seiner Einfalt jenes Spiel wieder erneuern und die glänzenden Zahnperlen zählen; aber Vrenchen verschloß plötzlich den roten Mund, richtete sich auf und begann einen Kranz von Mohnrosen zu winden, den es sich auf den Kopf setzte. Der Kranz war voll und breit und gab der bräunlichen Dirne ein fabelhaftes reizendes Ansehen, und der arme Sali hielt in seinem Arm, was reiche Leute teuer bezahlt hätten, wenn sie es nur gemalt an ihren Wänden hätten sehen können. Jetzt sprang sie aber empor und rief: „Himmel, wie heiß ist es hier! Da sitzen wir wie die Narren und lassen uns versengen! Komm, mein Lieber! laß uns ins hohe Korn sitzen!" Sie schlüpften hinein, so geschickt und sachte, daß sie kaum eine Spur zurückließen, und bauten sich einen engen Kerker in den goldenen Ähren, die ihnen hoch über den Kopf ragten, als sie drin saßen, so daß sie nur den tiefblauen Himmel über sich sahen und sonst nichts von der Welt. Sie umhalsten sich und küßten sich unverweilt und so lange, bis sie einstweilen müde waren, oder wie man es nennen will, wenn das Küssen zweier Verliebter auf eine oder zwei Minuten sich selbst überlebt und die Vergänglichkeit alles Lebens mitten im Rausche der Blütezeit ahnen läßt. Sie hörten die Lerchen singen hoch über sich und suchten dieselben mit ihren scharfen Augen, und wenn sie glaubten, flüchtig eine in der Sonne aufblitzen zu sehen, gleich einem plötzlich aufleuchtenden oder hinschießenden Stern am blauen Himmel, so küßten sie sich wieder zur Belohnung und suchten einander zu übervorteilen und zu täuschen, soviel sie konnten. „Siehst du, dort blitzt eine!" flüsterte Sali, und Vrenchen erwiderte ebenso leise: „Ich höre sie wohl, aber ich sehe sie nicht!" „Doch, paß nur auf, dort, wo das weiße Wölkchen steht, ein wenig rechts davon!" Und beide sahen eifrig hin und sperrten vorläufig ihre Schnäbel auf, wie die jungen Wachteln im Neste, um sie unverzüglich aufeinander zu heften, wenn sie sich einbildeten, die Lerche gesehen zu haben. Auf einmal hielt

Vrenchen inne und sagte: „Dies ist also eine ausgemachte Sache, daß jedes von uns einen Schatz hat, dünkt es dich nicht so?“ „Ja“, sagte Sali, „es scheint mir auch so!“ „Wie gefällt dir denn dein Schätzchen“, sagte Vrenchen, „was ist es für ein Ding, was hast du von ihm zu melden?“ „Es ist ein gar feines Ding“, sagte Sali, „es hat zwei braune Augen, einen roten Mund und läuft auf zwei Füßen; aber seinen Sinn kenn' ich weniger als den Papst zu Rom! Und was kannst du von deinem Schatz berichten?“ „Er hat zwei blaue Augen, einen nichtsnutzigen Mund und braucht zwei verwegene starke Arme; aber seine Gedanken sind mir unbekannter als der türkische Kaiser!“ „Es ist eigentlich wahr“, sagte Sali, „daß wir uns weniger kennen, als wenn wir uns nie gesehen hätten, so fremd hat uns die lange Zeit gemacht, seit wir groß geworden sind? Was ist alles vorgegangen in deinem Köpfchen, mein liebes Kind?“ „Ach, nicht viel! Tausend Narrenspossen haben sich wollen regen, aber es ist mir immer so trübselig ergangen, daß sie nicht aufkommen konnten!“ „Du armes Schätzchen“, sagt Sali, „ich glaube aber, du hast es hinter den Ohren, nicht?“ „Das kannst du ja nach und nach erfahren, wenn du mich recht lieb hast!“ „Wenn du einst meine Frau bist?“ Vrenchen zitterte leis bei diesem letzten Worte und schmiegte sich tiefer in Salis Arme, ihn von neuem lange und zärtlich küssend. Es traten ihr dabei Tränen in die Augen, und beide wurden auf einmal trautig, da ihnen ihre hoffnungsarme Zukunft in den Sinn kam und die Feindschaft ihrer Eltern. Vrenchen seufzte und sagte: „Komm, ich muß nun gehen!“ Und so erhoben sie sich und gingen Hand in Hand aus dem Kornfeld, als sie Vrenchens Vater spähend vor sich sahen.

Aus: Gottfried Keller, Romeo und Julia auf dem Dorfe. Editionen für den Literaturunterricht. Ernst Klett Verlag, Stuttgart 1980, S. 38–40

▷ Glück und Liebe – warum werden diese Begriffe oft miteinander verbunden?

Sprichwörter zum Thema „Glück“

Jeder ist seines Glückes Schmied.
Den Tapferen hilft das Glück. *Sprichwörter*

Das Glück wohnt nicht im Besitze und im Golde, das Glücksgefühl ist in der Seele zu Hause.

Demokrit, griechischer Philosoph, um 460–371 v. Chr.

Ich soll unglücklich sein, weil mir das oder das geschah? Nein!
Ich bin glücklich, obwohl mir dies geschah! Denn ich bin trotz allem frei von Furcht, weder von der Gegenwart niedergeworfen, noch in Angst vor der Zukunft.

Marc Aurel, römischer Kaiser und stoischer Philosoph, 121–180

Genieß die Gegenwart mit frohem Sinn,
Sorglos, was dir die Zukunft bringen werde;
doch nimm auch bittern Kelch mit Lächeln hin –
vollkommen ist kein Glück auf dieser Erde.

Horaz, römischer Dichter, 65–8 v. Chr.

Glück ist so etwas wie ein charakteristisches Gut des Menschen; Tiere können nicht glücklich genannt werden. Gott zu erkennen ist das Ziel jedes intelligenten Wesens. Nun nennt man das Ziel des Menschen und jedes intelligenten Wesens Glück oder Seligkeit. Deshalb ist das äußerste Glück oder die äußerste Seligkeit jedes intelligenten Wesens: Gott zu erkennen.

Thomas von Aquin, christlicher Philosoph, 1225–1274

Gott, was ist Glück! Eine Grießsuppe, eine Schlafstelle und keine körperlichen Schmerzen – das ist schon viel!

Theodor Fontane, deutscher Dichter, 1819–1898

Der beste Weg, wirkliches Glück im Leben zu erlangen, ist der:
Geh aus dir hinaus, ohne jede Bedachtsamkeit nach allen Seiten, wie eine Spinne; webe ein solides Gewebe aus dem Stoff Liebe und fange darin alles, was du triffst: ein altes Weib, ein Kind, ein Mädchen oder einen Polizisten.

Leo Tolstoi, russischer Dichter, 1828–1910

Glück ist gute Gesundheit und ein schlechtes Gedächtnis.

Albert Schweitzer, Theologe und Arzt, 1875–1965

Glücklich ist, wer vergißt, was nicht mehr zu ändern ist.

Aus der Operette „Fledermaus“

Das Glück hilft denen nicht, die sich nicht selbst helfen.
Mit dem Glück geht es oft wie mit der Brille: Man hat sie auf der Nase und weiß es nicht.

Volksmund

▷ Jeder Mensch hat seine ganz persönliche Vorstellung von Glück, abhängig von Alter, Erziehung, Kulturkreis, Lebenssituation. In welchen der hier zitierten Sprichwörter und Gedanken findest du deine eigene Vorstellung von Glück und Glücklichsein wieder? Und in welchen auf gar keinen Fall? (Verwende dazu auch die Sprichwörter auf dem Heftumschlag!)

Was ist Glück? - Die Antwort eines Lexikons:

GLÜCK im Sinne von „glücklich sein" (gr. eudaimonia, lat. felicitas, engl. happiness, frz. bonheur), nicht von „G. haben" (eutychia, fortuna, luck, fortune), ist ein Äußerstes und Letztes, nach dem der Mensch strebt. Obwohl alle Menschen nach Glück verlangen, ist die nähere Bestimmung des G. höchst unterschiedlich. Die einen suchen es in Reichtum oder Macht, andere in Freundschaft oder Liebe, wieder andere in wissenschaftlicher Forschung, Kunst oder Meditation. Wegen der individuellen und soziokulturellen Vielfalt menschlicher Interessen und Sinnentwürfe können die G.erwartungen und G.erfahrungen auch nicht einheitlich sein. [...] Glück ist [...] der Inbegriff der Erfüllung der dem jeweiligen Menschen wesentlichen Bedürfnisse und Wünsche.
Das G. ist [...] in einem lebenslangen [...] Bildungs- und Selbstfindungsprozeß immer wieder neu zu bestimmen und zu verfolgen, wobei die Entwicklung der eigenen Möglichkeiten und Fähigkeiten dazugehört [...] Als Grundzug eines tätigen Lebens verstanden, findet sich G. dort, wo man Pläne verfolgt, die eine harmonische Erfüllung der eigenen Interessen erwarten lassen, und man in diesen Plänen vorankommt, dort, wo man das tun kann, was man gern und gut tut, und wo man dieses so vollkommen wie möglich tut: G. als aktive Freude. Dazu gehört auch die kreative Auseinandersetzung mit den Bedingungen, die man jeweils vorfindet.

Aus: Lexikon der Ethik. Hrsg. von O. Höffe. C. H. Beck Verlag, München 1980, S. 89 ff.

Lao Tse: **Wahres Glück**

Gibt es überhaupt wahres Glück? Gibt es etwas, das unser Leben erhalten kann? Was soll ich tun, und was soll ich glauben? Was soll ich meiden, und wem soll ich folgen? Was soll ich annehmen und was zurückweisen? Was soll ich lieben, und was soll ich hassen? Was die Welt schätzt, ist Reichtum, Rang, langes Leben und Güte. Was die Leute genießen, ist Gesundheit, gutes Essen, feine Kleidung, Schönheit und Musik. Was sie hassen, ist Armut, Niedrigkeit, jung sterben und häßliche Krankheit. Worüber sich die Leute Sorgen machen, ist, daß ihr Leib nicht gesund bleibt und daß sie nicht imstande sein könnten, schmackhafte Speisen zu genießen, feine Kleider zu tragen, schöne Dinge zu sehen und gute Musik zu hören. Wenn sie diese Dinge nicht erhalten können, verfallen sie in tiefe Trauer und Sorge. Solches Haften an Äußerlichkeiten ist wirklich töricht. Die Reichen laufen geschäftig herum, um Reichtum aufzuhäufen, den sie nicht gebrauchen können.

Ihre Art, sich an äußere Bequemlichkeit zu klammern, ist oberflächlich. Die, welche Stellungen bekleiden, planen und sorgen Tag und Nacht und fragen: „Soll ich das tun oder nicht?“ Ihre Art, sich an die Äußerlichkeiten des Lebens zu halten, ist nicht verläßlich. [...]
Und was das betrifft, was die Welt tut, und die Art, wie die Leute jetzt ihr Glück suchen, weiß ich wirklich nicht, ob ein solches Glück wirklich Glück ist oder nicht vielmehr Unglück. Ich betrachte die Welt, wie sie mit der Menge herumfährt, um dem Glücke nachzujagen, als ob etwas sie dazu antriebe. Freilich sagen sie alle, sie seien glücklich. Ich habe an ihrem Glück oder Unglück keinen Anteil. Gibt es überhaupt so etwas wie Glück oder Unglück?
Ich betrachte Untätigkeit als das wahre Glück, während die Welt sie als großes Unglück ansieht. Es ist gesagt worden: „Vollkommenes Glück ist das Nichtvorhandensein des Strebens nach Glück; vollkommenes Ansehen ist das Nichtvorhandensein der Sorge um Ansehen.“

Aus: Die Weisheit des Lao Tse. Hrsg. von Lin Yutang. Fischer Taschenbuch Verlag, Frankfurt am Main 1986, S. 58 f.

- ▷ Was ist Glück: Aktivität oder Passivität? Vergleiche die beiden Definitionen.
- ▷ Glück ist ein doppeldeutiger Begriff – in allen europäischen Sprachen. Im Englischen und Französischen gibt es jeweils zwei Entsprechungen für das deutsche Wort Glück. Schlagt sie im Lexikon nach, und bestimmt die zwei Bedeutungen des Wortes Glück.
- ▷ „Jemand wird glücklich genannt, wenn er...“ (Setze den Satz fort.)

Wolf Schneider: **Glück – was ist das?**

Was also ist „Glück“? Die Bilderbuch-Definition durch Casanova auf dem Höhepunkt seines Lebens lautete: vollkommene Gesundheit, keine Pflichten, keine Sorgen, keine Abhängigkeit, reichlich Geld, Glück im Spiel und Erfolg bei den Frauen – das alles habe er, und daher sei er glücklich „im tiefsten Grunde“. Auch Casanova, obwohl ein Schoßkind der Fortuna, war es nicht immer, und wie geizt die launische Göttin mit der Zahl ihrer Lieblinge! Wir sind bescheidener. Für unsereinen sind die Definitionen der Philosophen und der Lexika gedacht.
Diese Definitionen werden merkwürdigerweise fast durchweg mit zwei Einschränkungen versehen, die der Lebenserfahrung widersprechen. Erste Einschränkung: Glück soll sich nur einstellen können, wo zuvor ein Bedürfnis oder ein Wunsch war. Ludwig Feuerbach: Glück ist „der Zustand, wo ein Wesen die zu seinem individuellen, charakteristischen Wesen und Leben gehörigen Bedürfnisse oder Triebe ungehindert befriedigen kann und wirklich befriedigt“. Der amerikanische Soziologe James A. Peterson: „der freudvolle Zustand, der Menschen kennzeichnet, während sie ihre grundlegenden Bedürfnisse und Wünsche befriedigen und nachdem sie sie befriedigt haben“. Britannica World Language Dictionary (1963): „die angenehme Erfahrung, die vom Besitz des Guten oder von der Erfüllung der Wünsche herrührt“. Meyers Enzyklopädisches Lexikon (1974): „das Eins-Sein mit seinen Hoffnungen, Wünschen, Erwartungen“.
Zweite Einschränkung: Nur das Innerliche und Erhebende soll Glück heißen dür-

fen – es wird also an den simplen und den leiblichen Genüssen vorbeidefiniert: „Ein tiefgehendes, instinktives Einssein mit dem Strom des Lebens“ (Bertrand Russell); „Gemütszustand innerer Befriedigung und Hochstimmung“ (Wahrigs Deutsches Wörterbuch); »seelisch gehobener Zustand, in welchem der Mensch mit seiner Lage und seinem Schicksal einig und sich dieser Einhelligkeit gefühlsmäßig bewußt ist“ (Brockhaus-Enzyklopädie – eine noch dazu schwammige Formulierung).

Dudens Großes Wörterbuch von 1977 läßt zwar beides gelten: die Gemütsverfassung bei Wunsch-Erfüllung und die innere Befriedigung überhaupt. Aber wiederum bleibt kein Platz für den Wein, der mir überraschend angeboten wird und der doch meinen Gaumen begeistert; kaum auch für das plötzliche Leuchten in allen Sinnen, wie es Büchners „Lenz“ an einem Wintermorgen in den Vogesen widerfuhr: „Die Sonne schnitt Kristalle, der Schnee war leicht und flockig, hie und da Spur von Wild leicht auf dem Schnee, die sich ins Gebirg hinzog. Keine Regung in der Luft als ein leises Wehen, als das Rauschen eines Vogels, der die Flocken leicht vom Schwanze stäubte. Alles so still, und die Bäume weithin mit schwankenden weißen Federn in der tiefblauen Luft… Ein heimliches Weihnachtsgefühl beschlich ihn; er meinte manchmal, seine Mutter müsse hinter einem Baume hervortreten, groß, und ihm sagen, sie hätte ihm dies alles beschert.“ Das ist Augenweide und Ohrenwunder und Prickeln auf der Haut und Sehnsucht in einem. Die Wonne der Organe unberücksichtigt zu lassen, ist nicht Definition, sondern Religion, ein Soll und kein Ist, und ein höchst verschrobenes Soll dazu. In dem Bestreben, nicht Forderungen einfließen zu lassen, sondern zu beschreiben, was ist, lautet daher das Angebot des Verfassers:

Glück ist das *befristete positive Lebensgefühl* eines bestimmten Menschen zu einer bestimmten Zeit – gleichgültig:

- ☐ ob der Mensch dieses Gefühl bewußt registriert oder nicht
- ☐ ob er sich darüber äußert und wie er sich darüber äußert
- ☐ ob er es „Glück“ nennt oder wie sonst er es nennt, zum Beispiel Vergnügen, Lust, Befriedigung, Selbstverwirklichung, Seligkeit, Lebensqualität, soziales Wohlbefinden
- ☐ ob andere Menschen es „Glück“ nennen oder wie sonst sie es nennen
- ☐ ob es sich aus Glücksgütern und Glückszufällen speist oder nicht
- ☐ ob es ein positives Gefühl des Leibes, Geistes oder der Seele ist
- ☐ Gleichgültig auch, ob es in das Unglück anderer Menschen eingebettet ist oder dies gar zur Voraussetzung hat – in unzulässiger Weise bei kriminellen Handlungen, in sozial gebilligter Form bei jeder Art von Wettbewerb.

Gegen den vorletzten Punkt werden oft religiöse Bedenken, gegen den letzten moralische und politische Einwände vorgetragen. Dem Glücksgefühl des Erfolgs steht jedoch der Mißerfolg der Mitbewerber notwendig gegenüber. Moralischen und strafrechtlichen Beschränkungen unterliegt das Glück in jeder Gemeinschaft; die moralischen Bedenken werden häufig übertrieben.

Unbefristetes, ununterbrochenes Glück gibt es nicht; höchstens Annäherungsformen wie etwa jener jahrelange Unterstrom von Genugtuung, der in der Liebe, in der Elternschaft, bei erfolgreicher Persönlichkeitsentfaltung, im Stolz oder bei der Ausübung von Macht hie und da erreicht werden kann. Die dauernde Glückseligkeit zu fordern, wie dies viele Philosophen tun, ist eine weltfremde Ausschweifung des Geistes; sie für sich in Anspruch zu nehmen meist eine bloße rhetorische Figur. Glück ist kurz, und das spricht *nicht* gegen es. Wie es in der schönsten aller Definitionen heißt, der von Montesquieu: „Glück ist der Augenblick, den wir nicht gegen das Nichtsein eintauschen wollen."

Aus: Wolf Schneider, Glück – was ist das? Traum und Wirklichkeit. Piper Verlag, München 1978, S. 46–48

Zusammenfassende Aufgaben zu Teil II: „Glück – was ist das?"

▷ Versucht eine Definition des Wortes Glück für ein Schülerlexikon zu verfassen, knapp und anschaulich.

▷ Vergleicht eure Definitionen miteinander.

III. Wege zum Glück

Vergiß nicht, man benötigt so wenig,
um ein glückliches Leben zu führen.

Marc Aurel

Glückwunschkarte aus dem 18. Jahrhundert

▷ In dieser über hundert Jahre alten Glückwunschkarte gibt es viele Wege zum oder durchs Land des Glücks.
- Welche Wege erkennst du?
- Wo wäre dein Lieblingsplatz, wenn man in das „Land der Glücklichen" reisen könnte?
- Kannst du dir einen Weg zum Glück vorstellen?

Gibt es Rezepte zum Glücklichsein, Bausteine zum Glück oder gar Wegweiser zu einem glücklichen Leben?

Erich Kästner: **Das Märchen vom Glück**

Siebzig war er gut und gern, der alte Mann, der mir in der verräucherten Kneipe gegenübersaß. Sein Schopf sah aus, als habe es darauf geschneit, und die Augen blitzten wie eine blankgefegte Eisbahn.
„Oh, sind die Menschen dumm", sagte er und schüttelte den Kopf, daß ich dachte, gleich müßten Schneeflocken aus seinem Haar aufwirbeln. „Das Glück ist ja schließlich keine Dauerwurst, von der man sich täglich seine Scheibe herunterschneiden kann!"
„Stimmt", meinte ich, „das Glück hat ganz und gar nichts Geräuchertes an sich. Obwohl..." „Obwohl?" „Obwohl gerade Sie aussehen, als hinge bei Ihnen zu Hause der Schinken des Glücks im Rauchfang."
„Ich bin eine Ausnahme", sagte er und trank einen Schluck. „Ich bin die Ausnahme. Ich bin nämlich der Mann, der einen Wunsch frei hat."
Er blickte mir prüfend ins Gesicht, und dann erzählte er seine Geschichte.
„Das ist lange her", begann er und stützte den Kopf in beide Hände, „sehr lange. Vierzig Jahre. Ich war noch jung und litt am Leben wie an einer geschwollenen Backe. Da setzte sich, als ich eines Mittags verbittert auf einer grünen Parkbank hockte, ein alter Mann neben mich und sagte beiläufig: ‚Also gut. Wir haben es uns überlegt. Du hast drei Wünsche frei.'
Ich starrte in meine Zeitung und tat, als hätte ich nichts gehört. ‚Wünsch dir, was du willst', fuhr er fort, ‚die schönste Frau oder das meiste Geld oder den größten Schnurrbart – das ist deine Sache. Aber werde endlich glücklich! Deine Unzufriedenheit geht uns auf die Nerven.' Er sah aus wie der Weihnachtsmann in Zivil. Weißer Vollbart, rote Apfelbäckchen, Augenbrauen wie aus Christbaumwatte. Gar nichts Verrücktes. Vielleicht ein bißchen zu gutmütig. Nachdem ich ihn eingehend betrachtet hatte, starrte ich wieder in meine Zeitung. ‚Obwohl es uns nichts angeht, was du mit deinen drei Wünschen machst', sagte er, ‚wäre es natürlich kein Fehler, wenn du dir die Angelegenheit vorher genau überlegtest. Denn drei Wünsche sind nicht vier Wünsche oder fünf, sondern drei. Und wenn du hinterher noch immer neidisch und unglücklich wärst, könnten wir dir und uns nicht mehr helfen.' Ich weiß nicht, ob Sie sich in meine Lage versetzen können. Ich saß auf einer Bank und haderte mit Gott und der Welt. In der Ferne klingelten die Straßenbahnen. Die Wachtparade zog irgendwo mit Pauken und Trompeten zum Schloß. Und neben mir saß nun dieser alte Quatschkopf!"
„Sie wurden wütend?"
„Ich wurde wütend. Mir war zumute wie einem Kessel kurz vorm Zerplatzen. Und als er sein weißwattiertes Großvatermündchen von neuem aufmachen wollte, stieß ich zornzitternd hervor:
‚Damit Sie alter Esel mich nicht länger duzen, nehme ich mir die Freiheit, meinen ersten und innigsten Wunsch auszusprechen – scheren Sie sich zum Teufel!' Das war nicht fein und höflich, aber ich konnte einfach nicht anders. Es hätte mich sonst zerrissen."
„Und?"
„Was ‚Und'?"
„War er weg?"
„Ach so! – Natürlich war er weg! Wie fortgeweht. In der gleichen Sekunde. In nichts aufgelöst. Ich guckte sogar unter die Bank. Aber dort war er auch nicht. Mir

wurde ganz übel vor lauter Schreck. Die Sache mit den Wünschen schien zu stimmen! Und der erste Wunsch hatte sich bereits erfüllt! Du meine Güte! Und wenn er sich erfüllt hatte, dann war der gute, liebe, brave Großpapa, wer er nun auch sein mochte, nicht nur weg, nicht nur von meiner Bank verschwunden, nein, dann war er beim Teufel! Dann war er in der Hölle! ‚Sei nicht albern', sagte ich zu mir selber. ‚Die Hölle gibt es ja gar nicht und den Teufel auch nicht.' Aber die drei Wünsche, gab's denn die? Und trotzdem war der alte Mann, kaum hatte ich's gewünscht, verschwunden ... Mir wurde heiß und kalt. Mir schlotterten die Knie. Was sollte ich machen? Der alte Mann mußte wieder her, ob's nun eine Hölle gab oder nicht. Das war ich ihm schuldig. Ich mußte meinen zweiten Wunsch dransetzen, den zweiten von dreien, o ich Ochse! Oder sollte ich ihn lassen, wo er war? Mit seinen hübschen, roten Apfelbäckchen? ‚Bratapfelbäckchen', dachte ich schaudernd. Mir blieb keine Wahl. Ich schloß die Augen und flüsterte ängstlich: ‚Ich wünsche mir, daß der alte Mann wieder neben mir sitzt!' Wissen Sie, ich habe mir jahrelang, bis in den Traum hinein, die bittersten Vorwürfe gemacht, daß ich den zweiten Wunsch auf diese Weise verschleudert habe, doch ich sah damals keinen Ausweg. Es gab ja auch keinen ..."

„Und?"

„Was ‚Und'?"

„War er wieder da?"

„Ach so! – Natürlich war er wieder da! In der nämlichen Sekunde. Er saß wieder neben mir, als wäre er nie fortgewünscht gewesen. Das heißt, man sah's ihm schon an, daß er ..., daß er irgendwo gewesen war, wo es verteufelt, ich meine, wo es sehr heiß sein mußte. O ja. Die buschigen weißen Augenbrauen waren ein bißchen verbrannt. Und der schöne Vollbart hatte auch etwas gelitten. Besonders an den Rändern. Außerdem roch's wie nach versengter Gans. Er blickte mich vorwurfsvoll an. Dann zog er ein Bartbürstchen aus der Brusttasche, putzte sich Bart und Brauen und sagte gekränkt: ‚Hören Sie, junger Mann – fein war das nicht von Ihnen!' Ich stotterte eine Entschuldigung. Wie leid es mir täte. Ich hätte doch nicht an die drei Wünsche geglaubt. Und außerdem hätte ich immerhin versucht, den Schaden wiedergutzumachen. ‚Das ist richtig', meinte er. ‚Es wurde aber auch die höchste Zeit.' Dann lächelte er. Er lächelte so freundlich, daß mir fast die Tränen kamen. ‚Nun haben Sie nur noch einen Wunsch frei', sagte er, ‚den dritten. Mit ihm gehen Sie hoffentlich ein bißchen vorsichtiger um. Versprechen Sie mir das?' Ich nickte und schluckte. ‚Ja', antwortete ich dann, ‚aber nur, wenn Sie mich wieder duzen.' Da mußte er lachen. ‚Gut, mein Junge', sagte er und gab mir die Hand. ‚Leb wohl. Sei nicht allzu unglücklich. Und gib auf deinen letzten Wunsch acht.' – ‚Ich verspreche es Ihnen', erwiderte ich feierlich. Doch er war schon weg. Wie fortgeblasen."

„Und?"

„Was ‚Und'?"

„Seitdem sind Sie glücklich?"

„Ach so. – Glücklich?"

Mein Nachbar stand auf, nahm Hut und Mantel vom Garderobehaken, sah mich mit seinen blitzblanken Augen an und sagte:

„Den letzten Wunsch hab' ich vierzig Jahre lang nicht angerührt. Manchmal war ich nahe dran. Aber nein. Wünsche sind nur gut, solange man sie noch vor sich hat. Leben Sie wohl."

Ich sah vom Fenster aus, wie er über die Straße ging. Die Schneeflocken umtanzten ihn. Und er hatte ganz vergessen, mir zu sagen, ob wenigstens er glücklich sei. Oder hatte er mir absichtlich nicht geantwortet? Das ist natürlich auch möglich.

Aus: Erich Kästner, Der tägliche Kram. Atrium Verlag, Zürich 1948

▷ Stimmt es, daß uns die Erfüllung unsrer Wünsche nicht auf Dauer glücklich macht?
▷ Ist es denn ein guter Rat, sich Wünsche aufzubewahren?
▷ Soll man also immer nur wünschen?

Gertrud Höhler: **[Geheimnis „Glück"]**

Der Mensch ist unglücklich, weil er
nicht weiß, daß er glücklich ist.
Nur deshalb. Das ist alles. Wer
das erkennt, der wird glücklich sein,
sofort, im selben Augenblick.

Fjodor M. Dostojewski

Zeitlose Sehnsucht: glücklich zu sein. Niemand weiß so recht zu beschreiben, was das sei: Glück. Der Glückliche findet keine Worte, die das Geheimnis lüften. Die Götter geben das Glück, meinten die Griechen und Römer. Wie einen Ball werfen sie es hierhin und dorthin; ohne Verdienst trifft es arm und reich. Unberechenbar und flüchtig ist das Glück: kaum geschmeckt, schon wieder zerronnen. Wer länger von ihm begünstigt wird, zieht nach antikem Glauben den Neid der Götter auf sich: je größer das Glück, desto tiefer das Unglück.
Glück folgt dem Tüchtigen, meinten andere Philosophen des Altertums; es belohnt den Tugendreichen, begünstigt den Tapferen. Aber allzu viele Widersprüche ergaben sich auch für diese Regel. Schon antike Stoiker rieten deshalb zur weisen Bescheidung: Glück in der Abgeschiedenheit schien krisenfest.
Aber die Sehnsüchte der Menschen lassen sich nicht beschwichtigen mit Tugendregeln. Die Lust selbst zum Glücksprinzip zu machen gelang jedoch ebensowenig; das Glück entzog sich auch den Prassern und Glücksspielern, den Liebessüchtigen wie den religiösen Eiferern immer wieder. Dennoch wird der Mensch der Suche nach dem Glück nicht müde: Er will vergessen, was ihn plagt, will seine gegebenen Lebensbedingungen hinter sich lassen, frei sein wie ein Vogel, wendig wie ein Fisch, von allen Zweifeln frei, die ihn an die eigene Unzulänglichkeit ketten.
Das gleichverteilte Glück für alle – stolze Forderung der Neuzeit, Fanfare der Französischen Revolution, als Idee vorbereitet in der Aufklärung: Ist es endlich erreicht im Zeitalter der Glücksindustrien, der Sozialgeschenke, der käuflichen Sicherheiten? Oder müssen wir verwundert erkennen, daß die Endsumme des Glücks nicht größer geworden – gar, daß sie kleiner geworden ist? Unser subjektives Glück scheint unverhältnismäßig schmal ausgefallen, verglichen mit den objektiven Glücksmitteln, über die wir verfügen. Daseinsfürsorge, soziale Politik,

Technik und Wissenschaft spannen ein Netz, das unzählige Abstürze verhindert, die in die Unglücksbilanz früherer Jahrhunderte gehörten. Glücksversprechen betören uns, wohin wir blicken. Die Werbung, die Politik, die Vergnügungsindustrie saugen unsere Glücksträume auf und winken mit Erfüllungen. Supermärkte des Glücks verwalten unsere Sehnsucht, Glücksangebote kanalisieren unseren Hunger nach dem Unverwechselbaren, nach dem eigenen Glück, das auf uns persönlich paßt.

Die Massenartikel des Glücks versorgen uns mit Reizen, die viele mit dem Glück verwechseln. Medien füttern uns mit Abziehbildern des Lebens, die wir gierig aufnehmen, als seien sie unsere eigenen Erfahrungen. Die Gleichschaltung der Gedanken und Empfindungen hindert uns an Glücksausflügen auf eigene Faust. Unsere Sinne verkümmern, wenn wir überwiegend aus zweiter Hand leben.

Die Jugend zeigt uns mit der Wahl ihrer Rauschdrogen, zu denen auch die Discomusik gehört, wie unbändig ihre Sehnsucht nach dem Glück ist. Sie baut Sprachmauern zwischen sich und den Erwachsenen, weicht aus in sprachloses Fühlen, in stumme Solidarität. Die Glücksindustrien betrügen diese Sehnsüchtigsten besonders gründlich. Was als Ausweg aus der tristen Realität angeboten wird, ist im Grunde ihre Kehrseite: Die Profite aus den Glücksträumen der Jugend sind unübersehbar. Ebenso unübersehbar sind Ratlosigkeit und Unverständnis der Erwachsenen gegenüber dieser „ihrer" jungen Generation.

Ist das Glück verloren? Zugemauert, vergiftet, verbaut, verplant wie unsere Städte? Ist es erstickt im Kunstdünger unserer Äcker, in den Abwässern unserer Flüsse? Ist es verendet wie ein Paradiesvogel im sterilen Formelwald der Technokraten? Verhungert und verdurstet an den uneingelösten Versprechungen der Politiker?

Das scheue Glück ist zäh. Es verbirgt sich in jeder selbstgewählten Aktivität, in jedem eigenen Entschluß, in jeder selbstbetriebenen Beschäftigung. In den Fugen der Glückspläne blüht es auf für jeden, der seine kostbaren Sinne schont, um wieder wahrnehmungsfähig zu werden. Nicht in der Sensation wohnt das Glück, sondern im Unscheinbaren. Ein Windhauch kann es bringen, wenn wir unsere Wange hinhalten, ein Wimpernschlag der Geliebten, ein ausgeruhter Blick auf die sanfte Rundung einer Schulter oder eines Hügels. Unser Lauschen, Tasten und Schauen führt zu den unverbrauchten Rohstoffen des Glücks.

Glück ist eine Sache der Bereitschaft, ja sogar des Willens. Dem Maß näher als dem Überfluß, hat es mit materiellen Gütern nur am Rande zu tun; viel mehr mit unserer Entschlossenheit, aus den Wettläufen und Rivalitäten auszusteigen: die Spirale der Bedürfnisse zu verlassen.

Glück braucht Hingabe und Distanz zugleich. Es spendet jene Freiheit von den Umständen, die uns aus der Knechtschaft der äußeren Zwänge löst. Glück ist die Gewißheit vom Gleichgewicht unserer Kräfte. Der Glückliche ist der Liebende: Lieben ist mehr als Besitzen. Glück hebt den Zwiespalt auf, der unser Wollen und Können trennt, es setzt Phantasien und Träume frei. Glück macht uns schöpferisch für neue Glücksaugenblicke. Der Glückliche erscheint deshalb als der freieste aller Menschen. Glück ist nicht in der Angleichung aller an alle, in der Nivellierung der Schwellen und Grenzen, in der Einebnung der Geschlechterunterschiede zu finden. Glück ist auch: die Lust, verschieden zu sein. Nur Verschiedenheit setzt das Glück der Ergänzung frei, zwischen Männern und Frauen,

Erwachsenen und Kindern. Das Spiel ist nichts als ein unerschöpfliches Übungsfeld für Glück. Der Spieler ist glücklich im Regelwerk beschäftigt: Die Regel schützt ihn und setzt ihm eine Grenze, die sein Glück gegen Eindringlinge abschirmt. Spielregeln sind Glücksregeln. Kinder wissen das noch. Sie lehren uns auch die Glücksimpulse der Wiederholung des Alltäglichen, die den abstumpfenden Reizen der Glücksindustrien überlegen sind.
Das Glück auf eigene Faust: In der beginnenden Ermüdung aller Glückstechniken des reichen Westens wird es wieder greifbar. Wer die Glücksquellen im Kosmos kennt, der wird seiner Zerstörung entgegentreten. Wer die Glücksenergien des Menschen erkannt hat, der wird auch den Menschen vor den Verführungen eines verwalteten Glücks zu schützen wissen.

Aus: Gertrud Höhler, Das Glück. Analyse einer Sehnsucht. Econ Verlag, Düsseldorf und Wien 1981, S. 15–17

▷ Wo verbirgt sich das Glück nach Meinung der Autorin?
▷ Reicht zum Glück die Bereitschaft allein schon aus?
▷ Was versteht die Autorin darunter, wenn sie rät, die „Spirale der Bedürfnisse" zu verlassen, um wieder Glück empfinden zu lernen?

Stephan Lermer: **Was zum Glücklichsein gehört**

Faßt man die vielfältigen Gedanken und Überlegungen zum Glück zusammen, so kommt man zu folgendem Schluß: Sind die körperlichen Grundbedürfnisse befriedigt, dann mag sich ein Gefühl von Sattheit oder Zufriedenheit einstellen. Zum Glück bzw. Glücklichsein jedoch gehört noch mehr, und zwar seelische Gesundheit, persönliche Identität und ein Gefühl von Autonomie, soziales Engagement, eigene und fremde Anerkennung, Bescheidung und Aktivität.
Was ist damit im einzelnen gemeint?
1. *Gesund sein,* das heißt arbeitsfähig, liebesfähig und genußfähig sein, also vor allem Fühlen-Können. Erst das sinnliche und seelisch-geistige Vermögen, das Glück auch wahrnehmen zu können, wenn es da ist, schafft die Voraussetzungen zum Glücklichsein.
2. Die persönliche *Identität,* was soviel bedeutet wie „Werde, der du bist", sprich: Lerne deine Bedürfnisse kennen, und du weißt, was dir fehlt. Ja, mehr noch, wer sich selbst gefunden hat, der kennt seinen Platz auf dieser Welt und hat damit den Sinn seiner Existenz gefunden.
3. Das Gefühl von *Autonomie:* Erst wenn jemand freiwillig das tun kann, was er tun will, macht es ihn froh. Das Gefühl von Stärke und Autonomie vertreibt die Angst, die mit dem Glück unvereinbar wäre.
4. *Soziales Engagement,* das Tun für andere: Nicht im Nehmen, erst im Geben fühlt man sich frei, souverän und auf eine Art reich, die glücklich macht. Ein ähnlich beglückendes Gefühl haben wir dann, wenn wir ein schönes Erlebnis einem anderen Menschen vermitteln können, die Freude mit ihm teilen können.
5. *Die Anerkennung:* Für den Begründer der Individualpsychologie, Alfred Adler, war das Streben nach Anerkennung die Haupttriebfeder des Menschen. Es bedeu-

tet, sich selbst mit seinen Stärken und Schwächen anzunehmen, andere anzuerkennen und von anderen anerkannt zu werden. Hiermit ist auch das Glücksgefühl gemeint, das meist als Lust erlebt wird, wenn einem eine extreme Leistung gelingt, wenn es einem „glückt".

6. *Die Bescheidung:* Die Emanzipation von Besitz, vom Haben, wie Fromm sagt, also die Unabhängigkeit vom Besitzen-Müssen macht frei für das Glück. Denn jeder Besitz verpflichtet und ist mit der Angst um seinen Verlust verbunden. Wenn auch materieller Wohlstand bestimmte Formen des Glücklichseins erst ermöglicht, kaufen läßt sich das Glück nicht. Von Kierkegaard stammt die Vorstellung, daß die Tür zum Glück nach außen aufgehe. Sie läßt sich also nicht mit Gewalt aufstoßen, im Gegenteil: Um sie öffnen zu können, muß man sogar einen Schritt zurücktreten.

7. *Die Aktivität:* Der 75jährige Goethe beklagte sich bei Eckermann, wie arm sein langes Leben an Glück und Behagen gewesen sei: „Mein eigentliches Glück war mein poetisches Sinnen und Schaffen."

Ein chinesisches Sprichwort meint im gleichen Sinne:

„Willst du einen Tag lang glücklich sein, so betrinke dich. Willst du ein Jahr lang glücklich sein, so heirate, willst du ein Leben lang glücklich sein, so schaffe dir einen Garten."

Die Anerkennung, das Feedback bzw. Lob von anderen stärkt das Selbstwertgefühl, damit die Ich-Stärke und das Gefühl gesicherter Identität. Es stärkt den Mut für neue Aktivität und das Gefühl, innerlich reich genug zu sein, um geben zu können. Basis dieses Kreislaufs bleibt das Aktiv-Sein, die Lust am Tun, aus der sich Spannung, Abenteuer und das souveräne Gefühl von Angstfreiheit, die Voraussetzung von Glück, ergeben können. Damit ein Glücksgefühl aufkommt, braucht es nur noch den gewissen Kitzel, der ein Siegesgefühl vermittelt oder deutlich macht, daß es sich hier um einen Höhepunkt handelt, der nicht lange anhält.

Aus: Stephan Lermer, Psychologie des Glücks. Goldmann Verlag, München 1985, S. 64–70

▷ In welcher Reihenfolge treffen für dich die Glücksfaktoren zu?
▷ Entwickle deine eigene Stufenfolge!

Zusammenfassende Fragen zu Teil III: „Wege zum Glück"

▷ Schreibe eine Betrachtung unter dem Thema „Was zum Glücklichsein gehört" oder „Bausteine des Glücks".
▷ Diskutiert die These: „Jeder Mensch sollte eigentlich für sich selbst überlegen, was für ihn zum Glücklichsein gehört. Jeder Mensch hat seine eigene Glücksvorstellung."

IV. Unglück und Leid

Schwer zu tragen das Unglück,
aber schwerer das Glück.

Hölderlin

Es gibt im Leben auch ohne das Glück viel Gutes.

Turgenjew

„Wie das Rad sich dreht, so ändert sich die Welt in ihrem unbeständigen Lauf." Dies besagt die lateinische Inschrift auf der Achse des Glücksrads.

Fortuna (das Glück) dreht das Rad, und oben, auf der Höhe seines Ruhms, sitzt mit seinem Reichtum prahlend der König. Zwei Figuren kommen mit der Drehung des Rads nach oben, drei andere, auf der rechten Seite des Rads, gehen nieder, vom Glück verlassen. Die Zeichnung stammt aus dem „Hortus deliciarium" (Wonnegarten) der Äbtissin Herrad von Hohenburg. Er diente gegen Ende des 12. Jahrhunderts der Unterrichtung von Klosterschülerinnen. Das Glücksrad als allegorische Darstellung geht übrigens zurück auf eine Schrift des römischen Philosophen Boethius (480 bis 524 n. Chr.). Der Hortus deliciarium war eine Zusammenfassung des Wissens des ausgehenden 12. Jahrhunderts. Das Original wurde 1870 beim Brand der Straßburger Stadtbibliothek zerstört; nur vorher angefertigte Kopien sind erhalten.

▷ Was sagt dieses Bild über Glück aus?
▷ Gilt diese Vorstellung auch heute noch?
▷ Wer dreht das Rad eigentlich?

Elisabeth Langgässer: **Glück haben**

Dieses merkwürdig endende Selbstgespräch hörte ich auf der Gartenbank eines ländlichen Sanatoriums, welches gleichzeitig Altersheim war. Ich wartete damals auf einen Bekannten, den wir kurz vor dem Ende des letzten Krieges mit einem Nervenschock aus dem Keller seines Hauses gezogen hatten; sein Kopf ging wie ein Uhrperpendikel immer ticktack hin und her ... immer ticktack, ganz friedlich, ganz ruhig, niemand von uns (weder ich noch mein Mann, noch die Skatfreunde meines Bekannten) hätten sich darüber gewundert, wenn die Stunde gerade halb oder voll war, noch den Westminstergong zu hören – ticktack und den Westminstergong. Na, ja. Aber die Geschichte steht auf 'nem anderen Blatt. Übrigens war die Heilanstalt ein wahres Paradies. Schöner Park, alte Bäume, das Haus dahinter ein märkisches Landschloß: zwei einfache Flügel und eine Freitreppe in der Mitte – bißchen kleiner, wäre es ein Wohnhaus in Caputh oder Bernau gewesen. Wie gesagt, es war wirklich ein Paradies, wie es gleich hinterm Friedhof kommt. Wir wünschten uns alle damals so etwas Ähnliches, um uns vier Wochen auszuruhen. Aber wer hat das Glück?
Neben mir saß eine ältere Frau; das heißt, ob sie eigentlich älter war, kann ich nicht mehr mit Sicherheit sagen. Sie war verrückt, das stand einwandfrei fest. Auf gar keinen Fall gehörte sie etwa nur in das Altersheim. Aber alt oder nicht alt – keine von uns sah damals gern in den Spiegel. Auch die da: Wenn ich mir's jetzt überlege, war sie weder – noch. Sie war keins von beiden: nicht alt und nicht jung – natürlich nicht jung –, doch ihr Gesicht ganz glatt wie ein Ei unter vollkommen schloßweißen Haaren. Man wird sagen, solche Gesichter gibt's viele. Und das ist auch wieder wahr. Nur, daß nicht alle verrückt sind, und erst recht nicht alle eingesperrt werden – wo käme man sonst hin? Gut möglich, daß mir die Frau normalerweise nicht aufgefallen, oder mir, was sie erzählte, nicht haftengeblieben wäre; es gab so viel Unglück in dieser Zeit, daß es auf weniger oder mehr schon überhaupt nicht mehr ankam – man behielt es im Grunde nicht. (Heute sage ich: Gott sei Dank. Wo käme man sonst hin?) Also, normalerweise wäre mir so ein Geschöpf sicher nicht aufgefallen. Beim Schlangestehen, zum Beispiel, erlebt man ja ähnliche Dinge. Oder auf der Bezugscheinstelle.
Aber hier war die Sache anders. Man bekam nichts erzählt; man hörte da etwas, das im Grunde nicht für einen bestimmt war, man hatte das verdammte Gefühl, einen offenen Brief zu lesen, der liegengeblieben war. Ja: einen offenen Brief. Ich glaube, dieser Vergleich ist richtig, wenn auch jeder natürlich hinkt. Denn, daß man etwas gelesen hatte, durfte man scheinbar nicht wissen. Kaum sagte man: Wie? Oder: Ach? Oder: Oh!, so fuhr die Frau wie gepickt in die Höhe und sah einen böse an. Na – „böse" ist überhaupt kein Ausdruck für dieses Angucken – nur ein Verrückter kann einen so ansehen ... so gefährlich und so aus 'ner anderen Welt. Ich hätte mich natürlich gefürchtet, wenn nicht eine Schwester die ganze Zeit in der Nähe geblieben wäre. Eigentlich dürfte man diese Biester ja gar nicht Schwestern nennen. Wenn so eine still von hinten her andrückt und packt die Kranken in ihre Klammer und schiebt sie am Ellbogen weiter, ohne ein Wort zu sagen ... so eine blauweiß gestreifte, dicke Lokomotive –. Na ja, es muß ja am Ende sein. Wo käme man sonst hin?
Wie gesagt: Die Frau war schon mitten im Reden, als ich mich neben sie setzte. Allerdings kann sie mit ihrer Geschichte nicht weit gewesen sein.

„Ich war wirklich ein hübsches Kind", sagte sie. „Augen wie Tollkirschen. Eine Figur wie eine Groschenpuppe. Meine Eltern ließen mich gern und häufig photographieren. Warum auch nicht? Warum denn auch nicht? Sie hatten es ja dazu. Da gibt es Bilder von mir vor einer Waldkulisse, und andere wieder in einem Park auf einer Birkenholzbank. Mein kleiner Bruder mußte den Kopf an meine Schultern legen – ‚Hänsel und Gretel' sagten die Leute zu dieser Photographie. Ein anderes Mal, ich weiß nicht wieso, halte ich einen japanischen Schirm über mich und mein Stickereikleid. Ich war ein Glückskind. Wir hatten Geld; was ich wollte, konnte ich haben, keine Puppe war groß genug. Auch in der Schule ging es mir gut. Ich hatte in allem die erste Nummer, nur in Handarbeit immer fünf. Das sei doch schade, meinte die Lehrerin, und meine Mutter setzte sich hin und machte für mich die Handarbeiten – da hatte ich von der Religion bis zur Handarbeit nur noch eins. So ging es weiter. Mit sieben Jahren bekam ich ein kleines Dreirad, mit zehn ein größeres und mit vierzehn ein richtiges Damenrad. Wir machten Reisen – mal eine nach Bayern, mal eine nach Helgoland. Dann starb unser Vater. Mein Bruder und ich merkten nicht viel davon. Ein Jahr wie das andre: In einem lernte ich Rückenschwimmen und im andern Diabolo spielen, in dem dritten sammelten wir einen Haufen von bunten Ansichtspostkarten, in dem vierten Reklamemarken. Ich hatte wie immer Glück beim Tauschen: Pfeiffer und Dillers Kaffeezusatz gegen die Weltausstellung; das Persilmädchen gegen moderne Kunst und den Darmstädter Jugendstil. So kam der Weltkrieg und ging vorüber, ohne uns weh zu tun – am Anfang gab es noch alles zu essen, am Ende die Quäkerspeisung. In der Unterprima verliebte ich mich zum ersten Male in einen Lehrer, obwohl ich das Schwärmen nicht leiden konnte und nichts von der Sinnlichkeit hielt. Von da ab verliebte ich mich sehr häufig und wurde auch angeschwärmt. Ich bekam meinen ersten Heiratsantrag und bald einen zweiten und dritten, obwohl doch sehr viele junge Männer im Krieg gefallen waren. Na, ich war eben wirklich nett und hatte auch wohl, wie man damals so sagte, richtigen ‚Sex-Appeal'. Als fünftes Mädchen aus meiner Klasse verheiratete ich mich. Mein Mann war Assessor, sein Vorgesetzter nannte mich ‚kleine Frau'. Am Anfang wollten wir keine Kinder, um das Leben noch zu genießen, auf keinen Fall aber mehr als zwei: einen Jungen, ein Mädchen und Schluß. Natürlich hatte ich wieder Glück, und alles ging wie bestellt. Zuerst kam der Junge, ich nannte ihn Harald, hernach die kleine Brigitte, ein wunderhübsches Kind. Mein Mann war ein hochbegabter Jurist, auch kaufmännisch erfahren, ein lieber, guter Kerl. Er hätte im Staatsdienst bleiben können, aber um rascher voranzukommen und noch mehr Geld zu verdienen, wurde er Syndikus. Zuerst in Köln, dann in Hamburg, zuletzt in Königsberg. Immer weiter nach Norden, dann nach Nordosten, im Osten blieben wir hängen und kauften uns schließlich ein Gütchen in der Romintener Heide mit Jagd und Fischerei. Womit unser Unglück eigentlich anfing, weiß ich heute nicht mehr genau. Vielleicht hätten wir nicht so schrecklich weit vom Westen fortgehen sollen, aber wer konnte das ahnen? Der Norden war zeitgemäß, mehr noch der Osten, viele Kinder zu haben war schick. Ich raffte mich also zu dem Entschluß auf, noch ein weiteres Baby zu kriegen, doch es war eine Fehlgeburt. Ich versuchte es noch einmal: wieder dasselbe. Nach dem dritten Male gab ich es auf. Mein Mann war inzwischen auch älter geworden und hatte ein Magengeschwür. Nichts Schlimmes natürlich, wir hatten Glück, die Operation war nach Wunsch verlaufen, da bekam er plötzlich, kein Mensch weiß warum, die übliche Embolie. Ich war sehr traurig, aber die Kinder standen mir tatkräftig bei. Das war kurz vor dem Krieg, der Junge war achtzehn, das Mädchen sechzehn Jahre. Alles wie üblich: zuerst Abitur, dann Arbeitsdienst, dann wurde Harald zum Militär eingezogen. Er hatte Glück: Weil er technisch begabt war, kam er zu einer Nachrichtentruppe und blieb zunächst hinter der Front. Brigitte, groß und blond wie mein Mann, wurde Arbeitsdienstführerin im Generalgouvernement. Es wäre wohl alles gutgegangen, wenn Harald sich nicht aus dem Ehrgeiz heraus, das Ritterkreuz zu erhalten, bei den Fallschirmtruppen gemeldet hätte. Kurz darauf kam er zum Einsatz und fiel bei Monte Cassino ... fast an dem gleichen Tag, als die Brigitte von einem SS-Kameraden den kleinen Heiko bekam. Natürlich wollte sie jetzt nicht länger Lagerführerin bleiben, sondern ging mit dem Jungen nach Haus. Das Kind gedieh prächtig, sie hatte Glück und verlobte sich mit einem Schlipsoffizier, einem Nachtjäger, welcher kurz nach der Landung der Engländer in Nordfrankreich fiel, aber sie hatte Glück und war vorher noch mit ihm ferngetraut worden. Als das Kind gerade zu laufen anfing, merkten wir, daß den Führer sein Glück verlassen hatte. Alles ging schief, der Russe kam näher und näher, schließlich mußten wir fliehen. Es war im Winter, Hals über Kopf mußten wir alles verlassen, zwei Koffer in der Hand. Die Züge waren natürlich von Flüchtlingen überfüllt, es waren Güterzüge, Viehwagen, offene Loren; wir hatten Glück und bekamen einen geschlossenen Wagen von Dirschau bis Schneidemühl. In Schneidemühl mußten die Wagen halten, um einem Verwundetenzug und den flüchtenden Truppen Vorfahrt zu lassen, die über die Geleise kamen. Wir wurden alle herausgesetzt, die Koffer auf die Schienen geworfen, und erst, als die Truppen aufgenommen und in die Wagen gepackt worden waren, durften wir mitfahren – teils auf dem Dach, auf den Puffern, den Trittbrettern, wo eben Platz war, so gut es eben ging. Meine Tochter gab mir den Kleinen zu halten und ging noch einmal auf die Geleise, um nach den Koffern zu sehen. Sie hatte auch Glück und fand ihren Koffer und reichte ihn mir auf das Dach. In diesem Augenblick fuhr der Zug los, und von der anderen Seite kam ein Gegenzug an uns vorbei. Meine Tochter wurde sofort überfahren, ich packte das Kind in die Wolldecke ein, aber am nächsten Morgen war es natürlich schon tot. Wir fuhren weiter, auch andere Kinder waren oben auf dem Dach erfroren, immer neue Flüchtlinge stiegen dazu, wir warfen schließlich, um Platz zu haben, die hartgefrorenen Kinderleichen herunter in den Schnee. Endlich kamen wir nach Berlin und in ein Flüchtlingslager. Wir wurden erobert, ich hatte Glück, der Vorort wurde fast ohne Schuß den Russen übergeben, in der Nähe war ein Barackenlager mit vielen Konservendosen. Als das vorüber war und noch kein Brot gebacken werden konnte, gingen wir weiter hinaus in das verlassene Lager, wo noch Kartoffeln waren; doch als ich hinkam, hatten schon alle ihre Kartoffelsäcke gefüllt, die Mieten waren leer. Was sollte ich machen? Ich hatte Glück: In einem großen hölzernen Bottich, der mit Wasser angefüllt war, war eine riesige Menge geschälter Kartoffeln zurückgeblieben – ich krempelte meine Ärmel hoch und fischte sie heraus. Mein Rucksack war schon beinahe voll, ich fuhr noch einmal recht tief auf den Grund und hatte beide Hände voll Dreck, voll braunem, stinkendem, glitschigem Dreck; sie mußten, bevor sie das Lager verließen, in den Bottich hineingemacht haben. Jetzt war das Maß meines Unglücks voll, ich nahm meinen Sack auf den Rücken und fing zu schreien an. ‚Dieses Scheißleben!' schrie ich ... ‚Scheißleben! ... Scheiß ...'"

Sie schrie es wirklich, die Krankenschwester – wie aus dem Boden geschossen –

stand plötzlich hinter ihr und schob sie gegen das Haus. „Scheißleben!" schrie sie, und ich schrie mit; wir schrien beide, sie machte sich steif, und ich schlug auf die Dicke ein. Das Unglück wollte es, daß mein Bekannter in diesem Moment dazukam. Sein Kopf ging ticktack, dann schlug er gemeinsam mit uns auf die Wärterin ein, aber nicht den Westminstergong...
Schließlich beruhigte ich mich und blieb da. Ich blieb tatsächlich noch vier Wochen da, es war gerade ein Zimmer frei, das Wetter war wie gemalt. Es war überhaupt meine schönste Zeit: gutes Essen und Ruhe, die Krankenschwester fand ich schließlich besonders nett, wir freundeten uns an. Sie war früher mal mit einem Gasmann verlobt. Na, ja. Aber diese Geschichte steht auf 'nem anderen Blatt.

Aus: Elisabeth Langgässer, Der Torso. Claassen Verlag, Düsseldorf 1948, S. 204–209

▷ Die Erzählerin der Binnengeschichte berichtet von Momenten in ihrem Leben, in denen sie Glück hatte – von der Kindheit bis zum Alter. Notiere diese Momente.
▷ Im Laufe ihres Lebens hatte die Erzählerin unterschiedliche Vorstellungen von Glück. Inwiefern?
▷ Wie hätte sie mit ihrem Unglück fertig werden können?

Luise Rinser: **Die Wozu-Frage**

Eine Pflanze, ein Tier, ein Gegenstand kennt die Frage nach dem Sinn des Daseins nicht. Daß es da ist, das ist der Sinn des Daseins. Auch der primitive Mensch fragt nicht, auch der naive nicht, das Kind zum Beispiel.
Zu leben, das eben ist der Sinn des Daseins. Sogar der bewußte Mensch kennt Zeiten, in denen er nicht fragt. Solange es ihm „gut geht", scheint es ihm, als wisse er, wozu er lebt. Anders, wenn er plötzlich herausfällt aus der Selbstverständlichkeit des Lebens, wenn ihm sein Dasein „fragwürdig" wird. [...]
Daß es dem Menschen als einzigem Geschöpf vorbehalten ist, diese Frage zu stellen, sagt uns, daß er sie stellen soll. Sie gehört wesentlich zum Menschen. Der Mensch ist dasjenige Geschöpf, das nicht zufrieden sein kann mit seinem bloßen Dasein, weil es nicht zufrieden sein *darf.* Es muß wissen wollen, worauf sein Dasein zielt und ob es Sinn hat. Daß er nach dem Sinn fragen *kann,* deutet darauf hin, daß es einen Sinn *gibt.* Gäbe es ihn nicht, hätte der Mensch nicht diese tiefe, unstillbare Sehnsucht danach, ihn zu finden. Weil „der Sinn" nicht unmittelbar deutlich wird, suchen wir ihn in Teilstrecken-Zielen. Wir streben immer irgend etwas an, ein Haus zu bauen, zu heiraten, Kinder zu haben, Gehaltserhöhung zu bekommen, den Betrieb zu erweitern, reich zu werden, gesund zu werden. Solange wir dies oder das anstreben, haben wir das (berechtigte) Gefühl, sinnvoll zu leben. Haben wir das Angestrebte erreicht und sind wir keine heillosen Spießer, so merken wir, daß die alte Frage sich neu erhebt: Wozu das? [...]
Unsere Wozu-Frage ist Ausdruck unserer Sehnsucht nach dem Sinn, und diese Sehnsucht läßt sich nicht durch Teilantworten stillen. Sie führt uns weiter und weiter, von Aufgabe zu Aufgabe, von Krise zu Krise. Sie ist die Kompaßnadel, die uns den Weg anzeigt. Wer die Wozu-Frage mit einer Teilantwort zum Schweigen bringt, verliert den Kompaß. Freilich ist das Leben mit erstickter Wozu-Frage

bequemer, aber es ist ein „uneigentliches" Leben, eines, das nicht zu sich selbst kommt, also kein wirklich menschliches.
Die Wozu-Frage stellt sich uns immer auch als Versuchung zur Verzweiflung: „Laß dich fallen, gib dich auf, es ist doch alles umsonst, du lebst ins Leere hinein." Aber das kann nicht die wahre Antwort sein. Unsere Sehnsucht sagt uns, daß es eine andere Antwort geben muß. Daß sich uns die Wozu-Frage immer dann stellt, wenn uns eine Enttäuschung, ein Schmerz aufstört aus der Trägheit und Uneigentlichkeit, kann uns darüber belehren, daß wir vor einer neuen Aufgabe stehen. ... Das „Wozu" heißt eigentlich: „Geh weiter, nimm die Hürde, und du wirst sehen, wozu die Frage dient." Die Wozu-Frage ist der Motor unseres geistigen Lebens und die Garantie dafür, daß wir eines Tages *die* Antwort finden werden.

Aus: Hans Peter Richter (Hrsg.), Wozu leben wir? Schriftsteller antworten jungen Menschen auf die Frage: Wozu leben wir? Herder Verlag, Freiburg 1968, S. 43–46

▷ Kannst du dir vorstellen, einen Sinn im Leben zu finden, ohne daß es dir gelingt, deine Glücksvorstellungen zu verwirklichen?

Franz Kafka: **Eisenbahnreisende**

Wir sind, mit dem irdisch befleckten Auge gesehn, in der Situation von Eisenbahnreisenden, die in einem langen Tunnel verunglückt sind, und zwar an einer Stelle, wo man das Licht des Anfangs nicht mehr sieht, das Licht des Endes aber nur so winzig, daß der Blick es immerfort suchen muß und immerfort verliert, wobei Anfang und Ende nicht einmal sicher sind. Rings um uns aber haben wir in der Verwirrung der Sinne oder in der Höchstempfindlichkeit der Sinne lauter Ungeheuer und ein je nach der Laune und Verwundung des Einzelnen entzückendes oder ermüdendes kaleidoskopisches Spiel.

Aus: Franz Kafka, Eisenbahnreisende. In: Hochzeitsvorbereitung auf dem Lande, © 1963 by Schocken Books Inc., New York; S. Fischer Verlag, Frankfurt a. M.

▷ Inwiefern ist die Situation der Eisenbahnreise auf das menschliche Leben zu übertragen?

Zusammenfassende Fragen zu Teil IV: „Unglück und Leid"

▷ Phasen des Unglücks und der Trauer gehören zum Leben des Menschen. Es gibt kein Leben ohne Leid.
Können leidvolle Phasen in unsrem Leben auch einen Nutzen haben?

V. Sinn des Lebens

Wo kämen wir hin
Wenn alle sagten
Wo kämen wir hin
Und niemand ginge
Um einmal zu schauen
Wohin man käme
Wenn man ginge

Kurt Marti

Adam Uklei: **Nachbar Kreß**

Einfach geboren.
Natürlich gelebt.
Gegessen. Getrunken.
Zwei Mädchen geliebt,
das eine von beiden für immer.
Im Städtchen geblieben.
Gelernt und geschafft.
Maschinen bedient.
Gespart und verloren.
Nach Rußland gemußt.
Und Metz überlebt.
Den Hunger bestanden.
Und weiter gelebt.
Und sich ein wenig geschont.
Und ein Häuschen gebaut.
Bäume gepflanzt.
Und sich wieder getraut,
über Politik zu reden.
Jedenfalls am Gartenzaun,
rot gestrichen,
Wicken dran.
Immer wieder Gras gemäht.
Umgemacht.
Und was gesät.
Ohne viel Gedöns.
Hühner gefüttert.
Kaninchen gehalten.
Zwiebeln gesteckt.
Und Kartoffeln gelegt.
Und auf Gott gewartet,
seinen eingeborenen Sohn
und auf Erntedank.
Auf der Erde unten.
Auf der Küchenbank.
Zwischen Kohleherd und Spüle.
In die Decke eingepackt.
In der Fensterecke.
Wo man gucken konnte,
wie die Amsel sang
und das Jahr verging.
Wie so viele schon zuvor.
Schlaflos in der Nacht,
klanglos wie der Mond -
draußen über Vogelsbergen,
im Oktober blätterbunt,
im November nebeltrübe.
Schneegestöber im Dezember,
Rosen abgedeckt,
Wege freigefegt.
Und so weiter und so weiter,
so bis Ende März.
Ohne Seelenschmerz,
fühlbar für die Leute.
Sich mal künstlich aufgeregt:
Wetter. Hottentotten.
Aber wohlgelitten doch.
Ringsherum im Kreise.
Über Grenzen weg.
Und leise
Frieden gehalten,
zu schweigen gewußt.
Keine Lust am Kriege,
so von Haus zu Haus.
Niemand verteufelt.
Nur Bohnen gehäufelt,
Tomaten gegossen,
Karotten pikiert.
Die Sonne genossen.
Und Schafe gepfercht.
Und Kirschen gepflückt.
Sich gebückt.
Sich gerührt,
gegen Dankeschön gewehrt.
Und Bäume verschnitten.
Und niemand belehrt.
Nur mal die Pflaumen geschüttelt.
Und ohne Gedöns
auf die Schwalben gehofft.
Mit Paula die Küche bewohnt.

Gestern gestorben.
Gereimt hat sich wenig.
Aber es hat sich gelohnt.

Aus: DIE ZEIT, Nr. 52/1980

Kurt Marti: [Nachruf]

sie hat nicht von sich reden gemacht
sie war in keinem verein
sie wurde geboren
besuchte die schule
welschland wie üblich
coiffeuse sodann
sie heiratete später
gebar ihm zwei kinder
verlor ihn wieder
und war wie man sagt
eine gute gattin und mutter

aber wer spricht
von der lustigkeit ihrer augen
wer redet davon
wie wohl es uns tat
nur schon die anmut zu sehen
mit der sie das haar
aus der stirne sich strich
oder wer erklärt
die magische kraft
ihrer einfachen worte
und wer beschreibt
den beweglichen zauber
der kleinen tüchtigen hände
oder wer lobt gott
für das geschenk ihres herzhaften lachens

sie hat nicht von sich reden gemacht
sie hat zwei oder drei männer
sie hat ihren gatten
sie hat ihre kinder
sie hat sich selber glücklich gemacht

und das
ist mehr als wir denken

Aus: Kurt Marti, Leichenreden. Luchterhand, Darmstadt 1975

▷ Was empfindet ihr beim Lesen der Lebensläufe, die in den Gedichten von Adam Uklei und Kurt Marti angedeutet werden?
▷ Wie war es im Leben dieser beiden Menschen wohl mit „Glück und Sinn" bestellt?

Wolf Biermann: **Das kann doch nicht alles gewesn sein**

(Lied vom donnernden Leben)

Das kann doch nicht alles gewesn sein
Das bißchen Sonntag und Kinderschrein
das muß doch noch irgendwo hin gehn
hin gehn

Die Überstundn, das bißchen Kies
Und aabns inner Glotze das Paradies
darin kann ich doch keinen Sinn sehn
Sinn sehn

Das kann doch nicht alles gewesn sein
Da muß doch noch irgend was kommen! nein
da muß doch noch Leebn ins Leebn
eebn

He, Kumpel, wo bleibt da im Ernst mein Spaß?
Nur Schaffn und Raffn und Hustn und Haß
und dann noch den Löffl abgebn
gebn

Das soll nun alles gewesn sein
Das bißchen Fußball und Führerschein
das war nun das donnernde Leebn
Leebn

Ich will noch 'n bißchen was Blaues sehn
Und will noch paar eckige Rundn drehn
und dann erst den Löffel abgebn
eebn

Aus: Wolf Biermann, Preußischer Ikarus. Lieder, Balladen, Gedichte, Prosa. dtv, München 1981, S. 94.

▷ Was stellst du dir unter einem „donnernden Leben“ vor?
▷ Was will Biermann wohl damit andeuten, wenn er sagt: „will noch paar *eckige Rundn* drehn“?

Elke Heidenreich: **Über den Sinn des Lebens**

Also, was ist denn nun der Sinn des Lebens? Gibt es einen immerwährenden, oder ändert er sich je nach Lebensalter? Vor einigen Jahren war die Midlife-Krise mächtig im Gespräch, jetzt ist plötzlich von der Sinnkrise die Rede – wo er ist, der Sinn des Lebens in einer Zeit von Bomben, Kriegen, Rüstung? Außen in der bösen Welt kann er nicht liegen, also suchen wir doch mal im Privaten: trautes Heim, Glück allein, der ideale Lebenszweck-zweck-zweck ist Borstenvieh und Schweinespeck? Und wieder fühle ich mich an mein Lieblings-Kinderbuch erinnert vom reichen Hund, der auf Seidenkissen schlief und alles hatte und dennoch seinem Herrchen weglief, denn er wußte: „Es muß im Leben mehr als alles geben." Dieses „Mehr als alles", das wäre er ja dann, der berühmte Sinn des Lebens. Also: nicht reich sein, sondern glücklich.

Ja, was ist denn aber Glück? Gute Frage! „Erbärmliches Behagen", sagt Nietzsche, und bei Behagen scheiden sich die Geister auch schon wieder, und überhaupt, ist denn das Glück des einzelnen dasselbe wie das Glück der Menschheit? Hätten wir also alle denselben Sinn des Lebens, wenn wir endlich wüßten, was das überhaupt ist? Ach, wie verzwickt. Meinungsforscher stellen alle Jahre wieder die „Sinnfrage" in Umfragen. Vielleicht kommen sie der Sache damit näher: „Worin sehen Sie den Sinn Ihres Lebens?" fragte das Allensbacher Institut für Demoskopie 1974 zum erstenmal, und jetzt wieder. 48 Prozent der Bundesbürger sahen den Sinn ihres Lebens vor zwölf Jahren darin, „glücklich zu sein", heute, im Jahr 1986, gilt das gleiche für 62 Prozent. Also: Das eigene Glück steht als Lebensorientierung ganz vorn. Dabei macht die Familie wieder Punkte.

Hatte die Familie in älteren Umfragen an Wertschätzung deutlich verloren, wird sie jetzt für die Deutschen wieder zum Bezugspunkt. Das Glück, das man sich wünscht, scheint etwas mit Kindern, mit Familie zu tun zu haben. Verständlich: Werden die Welt, die Gesellschaft immer unüberschaubarer, die Zusammenhänge immer komplizierter, anonyme Instanzen immer kälter und bedrohlicher, dann ist Wärme nur im privaten Rückzug, im vertrauten Nahbereich von Familie zu finden.

Notlösungsglück? Ich werde mich hüten zu werten. Glück ist sehr viel Verschiedenes und sicher mehr als bloße Abwesenheit von Unglück. Aber Glück ist bestimmt nicht der „Sinn" des Lebens, es ist eher eine schöne Zugabe. Und jetzt stehen wir schon wieder vor der verdammten Sinnfrage. DER SINN DES LEBENS! Am Jüngsten Tag werden wir ihn wissen. Der allerjüngste Tag, den ich kenne, ist der heutige. Die Ewigkeit hat also schon angefangen. Kann es sein, daß der Sinn des Lebens das Leben selbst ist? Und kann es sein, daß Umfrager die Sinnfrage immer nur deshalb wieder aufwerfen, weil Regierungen das gern möchten, um zu sehen, ob das Eigenheim oder das 2. Kind als Glücksziel genannt werden und ob man also die Bausparverträge oder das Kindergeld zum Stimmenfang einsetzt? Es muß wohl so sein. Denn anders läßt sich die Torheit einer solchen Umfrage gar nicht begreifen.

Aus: BRIGITTE, Nr. 19/1986, S. 7

▷ Diskutiert die im Text aufgestellte These: „Glück ist bestimmt nicht der ‚Sinn' des Lebens, es ist eher eine schöne Zugabe."

▷ Was meint ihr zu der sarkastischen Schlußbemerkung?

Johannes Bobrowski: **Brief aus Amerika**

„Brenn mich, brenn mich, brenn mich!“ singt die alte Frau und dreht sich dabei hübsch langsam und bedächtig, und jetzt schleudert sie die Holzpantinen von den Füßen. Da fliegen sie im Bogen bis an den Zaun, und sie dreht sich nun noch schneller unter dem Apfelbäumchen. „Brenn mich, liebe Sonne!“ singt sie dazu. Sie hat die Ärmel ihrer Bluse hinaufgeschoben und schwenkt die bloßen Arme, und von den Ästen des Bäumchens fallen kleine, dünne Schatten herab. Es ist heller Mittag, und die alte Frau dreht sich mit kleinen Schritten. „Brenn mich, brenn mich, brenn mich!“

Im Haus auf dem Tisch liegt ein Brief. Aus Amerika. Da steht zu lesen:

Meine liebe Mutter, teile Dir mit, daß wir nicht zu Dir reisen werden. Es sind nur ein paar Tage, sag' ich zu meiner Frau, dann sind wir dort, und es sind ein paar Tage, sage ich, Alice, dann sind wir wieder zurück. Und es heißt: ehre Vater und Mutter! Und wenn der Vater auch gestorben ist, das Grab ist da, und die Mutter ist alt, sage ich, und wenn wir jetzt nicht fahren, fahren wir niemals. Und meine Frau sagt: Hör mir zu, John, sie sagt John zu mir, dort ist es schön, das hast du mir erzählt, aber das war früher. Der Mensch ist jung oder alt, sagt sie, und der junge Mensch weiß nicht, wie es sein wird, wenn er alt ist, und der alte Mensch weiß nicht, wie es in der Jugend war. Du bist hier etwas geworden, und du bist nicht mehr dort. Das sagt meine Frau. Sie hat recht. Du weißt, ihr Vater hat uns das Geschäft überschrieben, es geht gut. Du kannst deine Mutter herkommen lassen, sagt sie. Aber Du hast ja geschrieben, Mutter, daß Du nicht kommen kannst, weil einer schon dort bleiben muß, weil alle von uns weg sind.

Der Brief ist noch länger. Er kommt aus Amerika. Und wo er zu Ende ist, steht: Dein Sohn Jons.

Es ist heller Mittag, und es ist schön. Das Haus ist weiß. An der Seite steht ein Stall. Auch der Stall ist weiß. Und hier ist der Garten. Ein Stückchen den Berg hinunter steht schon das nächste Gehöft, und dann kommt das Dorf, am Fluß entlang, und die Chaussee biegt heran und geht vorbei und noch einmal auf den Fluß zu und wieder zurück und in den Wald. Es ist schön. Und es ist heller Mittag. Unter dem Apfelbäumchen dreht sich die alte Frau. Sie schwenkt die bloßen Arme. „Liebe Sonne, brenn mich, brenn mich!“

In der Stube ist es kühl. Von der Decke baumelt ein Beifußbusch und summt von Fliegen. Die alte Frau nimmt den Brief vom Tisch, faltet ihn zusammen und trägt ihn in die Küche auf den Herd. Sie geht wieder zurück in die Stube. Zwischen den beiden Fenstern hängt der Spiegel, da steckt in der unteren Ecke links, zwischen Rahmen und Glas, ein Bild. Eine Photographie aus Amerika. Die alte Frau nimmt das Bild heraus, sie setzt sich an den Tisch und schreibt auf die Rückseite: Das ist mein Sohn Jons. Und das ist meine Tochter Alice. Und darunter schreibt sie: Erdmuthe Gauptate, geborene Attalle. Sie zupft sich die Blusenärmel herunter und streicht sie glatt. Ein schöner weißer Stoff mit kleinen blauen Punkten. Aus Amerika. Sie steht auf, und während sie zum Herd geht, schwenkt sie das Bild ein bißchen durch die Luft. Als der Annus von Tauroggen gekommen ist damals und hiergeblieben ist damals: es ist wegen der Arme, hat er gesagt, solche weißen Arme gab es nicht da oben, wo er herkam, und hier nicht, wo er dann blieb. Und dreißig Jahre hat er davon geredet, der Annus.

Der Mensch ist jung oder alt. Was braucht der alte Mensch denn schon? Das

Tageslicht wird dunkler, die Schatten werden heller, die Nacht ist nicht mehr zum Schlafen, die Wege verkürzen sich. Nur noch zwei, drei Wege, zuletzt einer.
Sie legt das Bild auf den Herd neben den zusammengefalteten Brief. Dann holt sie die Streichhölzer aus dem Schaff und legt sie dazu. „Werden wir die Milch aufkochen", sagt sie und geht hinaus Holz holen.

Aus: Johannes Bobrowski, Boehlendorff und andere. Deutsche Verlags-Anstalt, Stuttgart 1965, S. 70–72

▷ Gleich zu Beginn der Geschichte erleben wir, wie die alte Frau unter dem Apfelbaum vor ihrem Haus tanzt, singt und die Holzschuhe von sich wegschleudert.
Warum kommt uns ein derartiges Verhalten – dazu noch bei einer alten Frau – merkwürdig vor?

▷ Lest die Geschichte noch einmal genau durch, und notiert euch, was ihr über die sozialen Bezüge der alten Frau erfahrt. Welche Angehörigen hatte sie, mit wem bzw. wie lebt sie?

▷ Was bedeutet der Satz „... die Wege verkürzen sich. Nur noch zwei, drei Wege, zuletzt einer"? Beschreibt den Weg, der für die alte Frau noch übrig ist.
- Vielleicht kennt ihr die Kalendergeschichte „Die unwürdige Greisin" von Bertolt Brecht. Vergleicht die beiden Geschichten miteinander. Worin findet die alte Frau in Brechts Geschichte ihren Lebenssinn?

Ein 18jähriger zur Frage nach dem Sinn seines Lebens

sinn
unsinn
unser leben
was ist es
was soll es

warum
wozu

was ist unser leben
geburt
erziehung
bildung
beruf

warum
wozu

geld
kapital
reichtum

warum
wozu

um zu leben
und dann
sterben
tod
vergangen
vergessen

warum
wozu
einem andern
platz zu machen

warum
wozu

nächstenliebe
damit er auch
geburt
erziehung
bildung
beruf
geld
kapital
reichtum
tod
abklopfen kann
muß
soll
darf
einem nächsten
platz
ein
ewiger kreislauf
also

das leben
sterben
dann

das fragezeichen
das große

warum

was ist es nun
hat es

sinn
unsinn
verlorene zeit
was ist es

warum
wozu

ist es geschaffen
zum unsinn
oder
hat es doch
sinn
dieser

unsinn
dieses ständige
nicht endende

warum
wozu
wer
weiß
was soll's
weiterleben
und
vor allem

nicht denken

nie!

Aus: Hans Krömler, Horizonte des Lebens. Benziger Verlag, Köln und Zürich 1976, S. 56 f.

Eine 17jährige zum Thema „Sinn meines Lebens"

Jede Stunde kommt es mir sinnlos vor, mein Leben. Aufstehen, essen, lernen, essen, lernen, essen, schlafen … dahinter sehe ich keinen Sinn. Wir tun alles nur noch mechanisch, wir können uns nicht mehr auf den neuen Tag, auf die neue Woche freuen, wir sehen immer nur die Mühen und Sorgen, die sie uns bringen. Wir warten am Morgen darauf, daß die Arbeit, die Schule zu Ende ist, damit wir in

die goldene Freiheit können. Doch auch dann können wir nichts mit der Freizeit anfangen, wir vergeuden die Zeit mit Fernsehen oder Autofahren. Doch das kann doch nicht der Sinn des Lebens sein. Es muß doch etwas geben. Denn ich muß leben und darum auch einen Sinn dahinter sehen.
Ich habe mir eine Theorie aufgestellt, doch ich ändere oft daran, denn sie ist auf Sand gebaut.
Der Sinn des Lebens besteht darin, daß du im Zug einem Menschen ein Lächeln schenkst und mit ihm über das Wetter redest, daß du zeigst, daß dein Nächster dir nicht gleichgültig ist. [...]
Es gibt doch so viele kleine alltägliche Dinge, wo du einen kleinen Lebenssinn finden kannst. [...] Der Sinn muß im Kleinen liegen, und er ist für jeden erreichbar. [...]

Aus: Hans Krömler, Horizonte des Lebens. Benziger Verlag, Köln und Zürich 1976, S. 108 f.

▷ Vorschlag zu einem Rollenspiel:
Stell dir vor, das siebzehnjährige Mädchen und der achtzehnjährige Junge kommen miteinander ins Gespräch und unterhalten sich über Glück und Sinn im Leben.
Wie versprachlicht der junge Mann seine Einstellung?
Welche Antwort gibt ihm das junge Mädchen?

Christian Hofmann von Hofmannswaldau: **Die Welt**

Was ist die Welt und ihr berühmtes Glänzen?
Was ist die Welt und ihre ganze Pracht?
Ein schnöder Schein in kurzgefaßten Grenzen,
Ein schneller Blitz bei schwarzgewölkter Nacht,
Ein buntes Feld, da Kummerdisteln grünen,
Ein schön Spital, so voller Krankheit steckt,
Ein Sklavenhaus, da alle Menschen dienen,
Ein faules Grab, so Alabaster deckt.
Das ist der Grund, darauf wir Menschen bauen
Und was das Fleisch für einen Abgott hält.
Komm, Seele, komm und lerne weiter schauen,
Als sich erstreckt der Zirkel dieser Welt!
Streich ab von dir derselben kurzes Prangen,
Halt ihre Lust für eine schwere Last:
So wirst du leicht in diesen Port gelangen,
Da Ewigkeit und Schönheit sich umfaßt.

Aus: Die deutsche Literatur. Texte und Zeugnisse, Band 3. Beck, München 1963

▷ Was rät Hofmannswaldau (1617–1679) seinen Mitmenschen, damit sie zu einem sinnerfüllten Leben gelangen?

Antoine de Saint-Exupéry: **[Wissen, wohin man will]**

„Guten Tag“, sagte der kleine Prinz. „Guten Tag“, sagte der Weichensteller. „Was machst du da?“ „Ich sortiere die Reisenden nach Tausenderpaketen. Ich schicke die Züge, die sie fortbringen, bald nach rechts, bald nach links.“ Und ein lichterfunkelnder Schnellzug, grollend wie der Donner, machte das Weichenstellerhäuschen erzittern. „Sie haben es sehr eilig. Wohin wollen sie?“ „Der Mann von der Lokomotive weiß es selbst nicht.“ Und ein zweiter Schnellzug donnerte vorbei, in entgegengesetzter Richtung. „Sie kommen schon zurück?“ „Das sind nicht die gleichen. Das wechselt.“ „Waren sie nicht zufrieden dort, wo sie waren?“ „Man ist nie zufrieden dort, wo man ist.“ Und es rollte der Donner eines dritten funkelnden Schnellzugs vorbei. „Verfolgen diese die ersten Reisenden?“ „Sie verfolgen gar nichts. Sie schlafen da drinnen oder sie gähnen auch. Nur die Kinder drücken ihre Nasen gegen die Fensterscheiben.“ „Nur die Kinder wissen, wohin sie wollen“, sagte der kleine Prinz.

Aus: Antoine de Saint-Exupéry, Der kleine Prinz. Karl Rauch Verlag, Düsseldorf 1956, S. 72/73

Zusammenfassende Fragen zu Teil V: „Sinn des Lebens“

▷ Was ist der Mensch? Wozu leben wir? Was soll das alles? – Solche und ähnliche Fragen werden wir uns in verschiedenen Lebensphasen immer wieder stellen. Als Kind und als Jugendlicher werden wir einen anderen Sinn im Leben sehen als in der Zeit der Familiengründung oder im Alter.
Sucht aus den Texten des Heftes zwei unterschiedliche Sinndeutungen heraus, und gebt sie wieder.

▷ Warum wird das menschliche Leben oft mit einem Weg verglichen?

In seinem 1611 veröffentlichten „Tugendspiegel“ versinnbildlicht der Dichter Gabriel Rollenhagen die Lebenszeit durch die Sanduhr und mahnt: „Ununterbrochen flieht die Zeit. So viel von der Zeit herabgefallen ist, verschwindet. Sei sparsam mit deiner Zeit“.